孟子的人生哲學

——慷慨人生

《中國人生叢書》前言

中國聖賢是一個神聖的群體。他們是思想智慧的化身，道德行為的典範，進取成功的象徵。他們或者以自己的思想學說影響歷史，並構成民族性格與靈魂；或者他們本身即親身創造歷史，留下光照千秋的業績。

但歲月流轉，時代阻隔，語言亦發生文句變化。更不用說人生代代無窮已，歷來學問家詮釋演繹聖賢學說，形成衆多門戶相左的學派，同時又相應神化聖賢事跡。於是，聖賢便高居雲端，使常人可望不可及，只能奉為神明，頂禮膜拜。

然而，消除阻隔，融匯古今，無論學問思想，或者智勇功業，如此二者常常並不是分離的，且必然是人生的，為社會人生而存在的。這就是聖賢學說、智略、勇氣、運籌、奔走、苦鬥，成功的經驗，失敗的教訓，乃至道德文章，行為風範，也體現為一種切實的人生。因為聖者賢者也是人。

這是一種存在，無須多說甚麼。但存在對每一個人並不意味著親切，也不意味著自覺。我想聖賢人生與我們這些凡夫俗子的人生加以聯繫。聖賢不正是一個凡夫俗子，經許多努力，經許多造就，才成其為聖者賢者的嗎？

當然還有一個重要方面，時世使然矣，這就是歷經漫漫千年的中古時代，又歷經憂患求索的百年近代，世界文化已在衝擊中國人的生存方式。該如何確立中國人的人生路，我總認為無論是作為一種一脈相承的文化淵源，還是作為一種精神參照與啟迪，都莫如了解中國聖賢人生，莫如將我們平凡的人生從聖賢人生與學說找到佐證，找到圭臬。所謂古人不見今時月，今月曾經照古人。正是由此理解，由此思忖，我嘗試撰寫了《莊子的人生哲學》，問世以來即引起讀者的關注與歡迎。並且成為我組織一套《中國人生叢書》的直接引線。

我大致想好了，依然如《莊子的人生哲學》一樣，一書寫一聖賢人物。我還不揣譾陋，以我的《莊子的人生哲學》為範本，用一種隨筆的文體與筆調，古今結合，史論結合，聖賢人生與凡生結合，我還要求每一位作者對他所寫的聖賢人物，結合自己的人生閱歷對聖賢寫出獨特的人生體驗。我請了我的多位具卓越才識的朋友，他們都極熱心地加盟這套書的寫作，並至順利完成。

現在書將出版了，我需感謝我的朋友們，感謝出版社，希望更多的讀者喜歡他。

揚帆

一九九四年六月八日

目錄

修性篇

話說孟子

孟子名軻，戰國時期鄒國（今山東鄒縣）人。孟子的生卒年月，現在還沒有確鑿的資料可以確證，只是存有許多推論。比較通行的說法，一種是認爲他生於周安王十七年（公元前三八五年），死於周赧王十一年（公元前三〇四年）；另一種是認爲他生於周烈王四年（公元前三七二年），死於周赧王二六年（公元前二八九年），兩種說法都各有根據，也都各自成理，前後卻相差了十多年。不過，儘管關於孟子的生卒年月存有歧見，但孟子活了八十多歲的高壽這一點，還是可以由各家之說獲得大體一致的認定的。

關於孟子的生平事跡，現存資料也很少，除《孟子》一書中透露的這些許他周遊列國，授徒傳道的信息外，大多是漢代以後人的散記。西漢韓嬰《韓詩外傳》，劉向《列女傳》記有「孟母斷織教子」、「孟母三遷」的故事，司馬遷《史記，孟荀列傳》，趙岐《〈孟子〉題辭》等有關於孟子的生平，這些材料，大體互文互見。從這些材料看，孟子出身貧寒，是由母親紡紗織布、勤儉操勞撫養成人的。而且，他幼時極聰明，也極頑皮，還曾逃過學，要不然就不會有孟母三遷擇鄰、斷織教子的故事了。

孟子成年以後，家境由他而獲得了很大的改善，這也是確實的。從《孟子》一書我們可以看到，孟子曾經做過齊國的卿相，他來往於各諸候國之間，後車數十乘，侍從數百人，所到國家常得重金饋贈，連他的學生都批評他太奢侈了。而且，他母親去世，他爲母親辦喪事，場面也是很大的。

我們現在習慣把孟子與孔子聯繫在一起，以「孔孟」並稱。但孟子並非孔子的嫡傳門徒。從時間上推斷，孟子出生時，孔子已去世近百年了，孔子門徒也一個不存。《列女傳》、《孟子題辭》說孟子是孔子嫡孫子思的學生，但據《史記》子思只活了六十二歲，即使再加二十年，孟子出生離子思去世仍然差了十多年。孟子自己說：「予未得孔子徒也，予私塾諸人也。」他「私塾」的什麼人，我們現在已無從知道，最多大約也只能是子思的再傳弟子。不過，孟子出生地鄒離孔子家鄉曲阜很近，這自然可以使他更加便利地接受到孔子學說的薰染。連孟子自己也說「近聖人之居若此其甚也。」從語氣上看，他是很爲這一點慶幸自豪的。

孟子是以孔子學說的繼承者和捍衛者自居的，他把孔子側重於個人道德修養的「仁」，發展作爲政治主張的「仁政」，從「性善論」出發，提出「民貴君輕」的思想，這在當時實在難能可貴。他生活於諸候相互攻伐兼並的戰國時期，標舉唐、虞三代之德，倡揚仁政、王道，一生以救民於水火的姿態奔走呼號於列國之間但他的主張在當時並不能爲世所用，他在齊、梁間的遭遇便很能說明問題。孟子年近七十時曾往見梁惠王，勸說惠王行仁政王道，卻被梁惠王看作迂闊而不合時宜。他只好去梁至齊。齊宣王雖讓他做了卿相，但於政事的處理卻並不聽從他的勸告，這自然很讓人失望，他也就只好在「天未欲平治天下也」的嘆息中辭職了事，從此也便不再出遊，而只和公孫丑、萬章等學生一起「序《詩》、《書》，述仲尼之意」，《孟子》一書，也就是這時寫成的。

《孟子》一書由人而名，爲孟子及其門人所著，而且在孟子生前就已大體完成。這部書在後世被列爲儒家經典，對後世儒學乃至中國文化的發展，產生了巨大影響，孟子本人在元文宗時被封爲「亞聖」，和孔子一樣爲歷代所尊奉。

古人講「文如其人」，是說從文中能見出爲文者的志意、情操、人格、人品。從文由心出的角度看，這話自然有道理。

那麼，捧讀《孟子》，我們能見出一個怎樣的孟子呢？

慷慨進取的人生態度

先賢們那種「當今之世，捨我其誰」的豪壯與慷慨，那種「席不暇暖」，拼力而為的勤勉與執著，更應該成為我們民族的一種精神內嗎。

孟子和孔子一樣，都有些生不逢時。孔子生於亂世而熱心救世，懷「老者安之，朋友信之，少者懷之」的遠大理想，駕老牛破車走於列國之間但卻四處碰壁，甚至曾困於陳、蔡之間，跟隨他的人一個個都餓得走不動路。孟子沒有如孔子被困餓飯的遭遇，但究其實，他的情況也好不了多少，他和孔子一樣，一生奔走呼號，卻總不被接受，也是一生都大體處於一種志不得伸，才不能展的鬱鬱失望之中，要不然他也就不會發出那樣的感嘆：「五百年必有王者興，……從周武王以來，已經七百多年了。論年數，超過了五百，論時勢，現在正該是聖君出現的時候。大概天不想使天下太平吧！」

令人感動的是，他們都不肯放棄自己的努力與追求。孔子一生都在「知其不可為而為之」，讀讀《孟子》，我們也可以知道，孟子一生也是如此，他出齊入宋，去魯奔梁，倡王道仁政，申忠義孝悌，希望以自己的努力匡救天下，救民於水火。他知其必為而盡力為之，知其難為而勉力為之，而且，知其不可，仍然還要拼力為之。在一般人看來，這也許實在有些迂腐而不識時務，但從人生追求的層面看，這種堅韌與執著，無論如何都是令人感動、敬佩的。

這裡需要有順天而行、替天行道，知其必為而為之的明察，能明察，才能有積極入世，明理而行之不怠的奮發與進取，這裡還需要有確認自己行之正道，必得正命的自信，能自信，方能生「以天下為己任」的慷慨與豪壯。事實上，在孟子看來，能決定人立身處世的行為方式的，有義理之天，有自然之天，但沒有主宰之天。對於人來說，仗義而行，依理而行，便能「仰不愧於天，俯不怍於人」。只要能「盡其道」，死也是「正命」，因此，他自信：「萬物皆備於我」，「如欲平治天下，當今之世，捨我其誰？」思進取，才能有創造。

一個民族要能生存，能發展，並不是一件容易的事情，一個國家要以自己的富強躋身於世界民族之林，也不是一件容易的事情。這有賴於全民族自強不息的堅韌進取，有賴於一代代人的前仆後繼。中華民族從遠古走向今天的每一步足跡，都向我們這些後世子孫昭示著這一不變的眞理。何況我們今天又到了關乎民族未來的關鍵時刻。先賢們那種「當今之世，捨我其誰」的豪壯與慷慨，他們那種「席不暇暖」，拚力而爲的勤勉與執著，不是更應該成爲我們民族的一種精神內核嗎？

這是大而言之。

小而言之，即使我們這些被稱爲芸芸衆生，也不能缺少了積極進取的精神。當然。我們這些普通人自然很難都如先賢們那樣能夠以天下爲己任。但是，一個人活在世上，總是要做點事情的。即使撇開以自己的勞心與勞力爲社會、爲民族做出或大或小的應有奉獻不說，我們也總該能盡到自己對朋友，對親人的義務和責任。即使僅僅只要求自己做到這一點，也需要有一顆積極進取之心。現代人更注重個體生命的價值。個體生命價值實現的標誌，不就是在積極進取的追求過程中有所作爲嗎？一個人，如果沒有了不倦的進取與追求，也就等於放棄了自己的人生，等於自己拋擲自己最可寶貴的生命。

貴眞求善的理想

唯一眞正屬於人的，也就是人自身保有實實在在的生命和顯示個體生命風貌的眞情眞性。

孟子說：「大人者，不失赤子之心也。」

什麼是赤子之心？

率眞任性，自在天然，無聲名之累，無利祿之念，不巧謀算計，不虛飾矯情，能哭能笑，敢愛敢恨，無功無己；無私無畏，眞實本色，天性自露。這就是赤子之心，也就是三尺童稚無此許世俗污染的天眞純樸之心。

孟子說不失赤子之心，強調的他就是要像三尺稚童那樣不泯自己的自然天性，要以人應該有的樣子立身於世，要本色眞實的做人。

這是一個方面。

另一個方面，與求眞實的做人相統一的，人還應該向善。孟子認爲，善本身也是一種來自於人的良知的天性因素。同情心，每個人都有；羞恥心，每個人都有；恭敬心，每個人都有；是非心，每個人都有。這些都是人本來就具有的資質。因此，從人天生的資質看，人可以使自己善良，人都有向善爲善的可能。有些人不能爲善，一方面是因爲他自己放棄了對於善性的探求，而「一加放棄，便會失去」。同時，也是因爲環境的污染，譬如「富歲，子弟多賴，凶歲，子弟多暴」，這並不是因爲天生的資質有什麼不同，而是因爲環境改變了他們的心性。因此，人的持性保德，也就是保守住自己的善良之心。即使爲學求道，也不過是要由此找回自己的善良之心罷了。

由此看來，在孟子那裡，人的眞和善其實是合而爲一的，能善方可有眞，求眞也即求善，人的心性，修於內則成行仁、仗義、知禮、明智的善德，化於外則現本色、眞實、純樸、天然的風範，善即能眞，眞必向善。

這是孟子的理想。

人本來也就該如此。

人是自然的化育，人本來就是自然的一個部份、雖不必以爲人來自塵土必歸於塵土，但從生命的進化運動來看，一個人一生無論長短，大體上也不過只是漫長的生命之鏈中的一個環節。如果把人生看成一個過程，把人的存在看作是一種生命的形式，那麼，對於人來說，利祿功名確實不過只是能得能失的身外之物，或如過眼煙雲。唯一眞正屬於人的，也就是人自身保有實實在在的生命和顯示個體生命風貌的眞情眞性。因此，如果爲貪慾而勞神，爲名利而鬥狠，心繫於外物而放棄自身德性的修養，放棄善、眞而行於邪道，患得患失，虛飾矯情，那只是一種生命的自損。君子樂道，達者知命。在人生的旅途中，雖不一定要禁絕慾念，隨遇而安，但總該常懷赤子之心，能眞實本色，胸懷坦蕩，豁達寬容，溫潤和緩，自然也就能心安理得，無愧無悔，身心安適，樂以忘憂。

能持眞性，方能爲眞人，方能有眞的人生。

所以，孟子說，一個人能充分認識自己善良的本心，也就懂得了什麼是人的本性，懂得了人的本性，也就懂得了天命。保持人的本心，培養人的本性，也就能懂得如何對待天命。無論短命或長壽，都不三心二意，修養身心，順天而行，便可安身立命。

達觀圓通的處世方式

人的衡事處世的達觀圓通，來自於人自身對事物客觀規律的正確把握，來自於人在了悟人生，知會世事之後形成吐納萬物的胸懷，來自於人在明察時勢之後對於自我心力的正確運用。

在慷慨入世，以天下爲己任，標舉仁政王道以匡救天下的人生追求上，孟子是堅韌執著的，堅韌執著得近乎迂闊，但在衡物處世的行爲方式上，他卻並不失達觀圓通。

比如，齊人淳于髡曾問孟子，依禮制，男女之間連親手遞接東西都不可以，那麼，如果一個人的嫂嫂掉進水裡，他可以用手去拉她嗎？

孟子認爲，嫂嫂掉進水裡，不去拉她，那簡直就是豺狼，男女之間不親手遞接東西，這是禮制，但禮制也可以依實際情況加以變通，嫂嫂落水而必須救助，這就是一種變通。

衡物處世的圓通達觀，一般說來，也就是行動取捨，知法度而不拘泥於法度，明事理而不迂執於理，知進退，善通變，不苛求，不極端，動靜相宜，行止有度。所以，孟子既反對楊子拔一根汗毛而有利於天下都不肯做的「爲我」，也反對墨子磨禿頭頂，走破腳跟，只要有利於天下什麼都肯做的「兼愛」。他認爲即使主張中道，也要懂得變通之法而不可執於一端，因爲執於一端而廢棄其餘，最終會有損於仁義。

所以，孟子對取捨、生死、仕途，都有自己獨到的見解。他認爲，對於被人視爲身外之物的錢財，並不一定要一概拒絕，可以不取，也可以取，只要得之正道，不傷根本，盡可取之而爲我所用。人可以死，也可以不死，可以死於節，死於道，但決不要無故送死。官可以做，也可以不做，只要不爲官身所累，便可去留自由，而且，只要持性立德，即使以官謀生，也不必一概反對。

應該承認，這樣一種達觀圓通的處世的方式，實在也是人應對艱難人生所必須的巧智與辨證。人生於世，行於世，本身就是一件很難的事情，而且，世事的複雜，使世間萬事萬物都難以一概而論。從人生進取的層面看，人自然該兢兢業業，勤勤懇懇，不鬆不懈，董道直行，但從具體的行動去取看，卻是不應該執於一端，東向而望，不見西牆的。世事的複雜。時勢的多變，要求人在不同情況下採取不同的應對。只有能夠靈活圓通，才能進退自如。

歸根到底，人的衡事處世的達觀圓通，來自於人自身對於事物客觀規律的正確把握，來自於人在了悟人生，知會世事之後形成吐納萬物的胸懷，來自於人在明察時勢之後對於自我心力的正確運用。不苛求，不極端，知進退，善通變，說到底，也就是要求人能依時而動，順勢而行，要求人在順應時勢，在與時勢的遇合中準確把握事物運動的規律·由此也把握住自身的命運。

所以，孟子強調要行其所無事，而不必勉強，只要能行其所無事而不「鑿」，人總能有所成就的。這裡的行其所無事，說白了，也就是我們今天所說的順其自然，順應客觀規律，所以，孟子說：「天下人討論性，只要推求其所以然便可以了。推求其所以然，基礎在於順自然之理。我們厭惡使用聰明，就是因爲聰明容易陷於走向極端的穿鑿附會。假若聰明人像禹能使水運行一樣能行其所無事，順其自然，因勢利導，那他的智慧也就極高了。」

歷史沿著自己的軌跡走到了今天。

我們今天距離產生了孟子的那個年代已經兩千多年了。毫無疑問，對於今天的國人來說，無論對外的外交，與國內的建設，是擺在我們面前的首要任務。在完成這宏偉大業的過程中，一方面，我們應該保持一種開放的眼光和寬闊的胸襟，吸收外來文化，由此爲民族文化注入新的活力。另一方面，我們也應該立足於世界格局中的中國現實，立足於本民族文化自身的發展，在用現代眼光重新觀照民族文化傳統的同時，立足於弘揚民族文化，促進民族文化傳統在新的歷史條件下發揚光大，也是中華民族能眞正走向世界所必須的前提。

不用說，深深積淀於中華民族文化心理深層結構之中，已經成爲中華民族文化精神內核之一的儒學精神，自然也需要重新認識，使之得以弘揚光大。正是基於這種認識，筆者不揣冒昧，希望通過自己的介紹，把融注了自己認識的和理解的孟子獻給讀者，並希望以此就教於識者。

修性篇

人性的善惡

從天生的資質看，人都可以為善，這便是我所說的人性善……每個人都有同情之心，每個人都有羞恥之心，每個人都有恭敬之心，每個人都有是非之心。同情之心屬仁，羞恥之心為義，恭敬之心屬禮，是非之心為智。這仁義禮智並非外人加之於我，而是我本來就具有的，不過不曾探索它罷了。所以說，「一經探求，便會得到，一旦放棄，便會失去。」

——《孟子，告子章句上》

無同情之心者，不可稱之為人，無羞恥之心者，不可稱之為人，無恭敬之心者，不可稱之為人；無是非之心者，不可稱之為人。

——《孟子，公孫丑章句上》

人是什麼？

社會學家說，人是一種社會存在，人是社會關係的總和。

文學家說，人是有感情的動物。

生物學家說，人是迄今爲止生物進化的最高階段。

老百姓說，人是人，人有人性。

人是人，人有人性，這說法最直接，也最實用。說到底，人就是人，是萬物之靈長，人以自己的本性結構成人類自己的世界，把人類自身與世上萬物區分開來。

那麼，人性是什麼？或者，人該有怎樣的性？

人性善

人能向善，人才能使自己趨於美好，人能為善，人的世界才能趨於美好。

關於人性，孟子說得很具體。

孟子說，人之性有四端，這四端便是惻隱之心，羞恥之心，辭讓之心，是非之心。每個人都有這四種心。有此四心，人便成其爲人。有惻隱之心，便能仁愛憐恤；有羞恥之心，便知禮義廉恥；有辭讓之心，便會恭敬謙讓；有是非之心，便曉去取正誤。

因此，惻隱之心，也就是仁的萌芽，羞恥之心，也就是義的萌芽；辭讓之心，也就是禮的萌芽；是非之心，也就是智的萌芽。

人有仁、義、禮、智，便正如人有了手足四肢，人有仁、義、禮、智，便萬物皆備於一身，他的生命之火便能如熊熊烈焰，終必不可撲滅，他的生命之流便可如汩汩山泉，終必匯爲江河。

孟子這段話，簡單捷說，也說是人性本是善良的，人能向善，人能爲善。這實在是對人的一種很樂觀很理想的看法。

大概有許多人不能同意這種看法。因爲人世間確實有許多人爲的不善，人類本身是那樣的良莠不齊，有善有惡，有至善也有大惡。而且，在許多時候，善性良德於人事也實在並不能起大作用。

不過，從人的心性修養著眼，相信人性應該是善的，人應向善，人該爲善，這大約還是不錯的。

人能向善，人才能使自己趨於美好，人能爲善，人的世界才能趨於美好。從人類歷史的進程看，人類迄今爲止的一切努力，歸根到底，都不過是要盡力使人的世界成爲更適宜於人本性發展的世界，人類的歷史，實際上也正是一個人類自身不斷趨向完美的歷史。對於人類歷史的發展來說，那生於四端的善性與寬容，確實起不了大作用，但大至世事的運行，改天換地，移風易俗，小到人生的苦樂，禍福相因，吉凶相環，無不有善惡因緣在起作用。

從這裡看，孟子的說法不能不信。

善不可失，惡不可長

善不可謂小而無益，惡不可謂小而無傷，話雖無奇，其理卻深。

一句話，人的本性應該是善良的。

說人的本性應該是善良的，並不排除人有惡，也不排除人間有惡人。孟子說到人性善舉了一個例子，譬如見到一個小孩快要掉到井裡去了，人人都會上前去救助，因爲人人都有同情心。可是我們都知道，人類也確實有把別人的小孩往井裡推的事發生，也有見人掉到井裡不僅不去救助，反而落井下石。而且甚至還有比這些更壞的事。日本軍國主義者曾在中國土地上燒殺搶掠，以殺人多少定英雄，所殺都是無辜，這段歷史離現在並不遠，而且無論如何我們都不會忘記，也不該忘記。

但這是喪失人性。我們稱這些做惡事的人叫做滅絕人性，稱爲禽獸豺狼、蛇蠍心腸，就證明我們至少在意念中已經把它們排除在人類之外了，原因就在於他們的所作所爲不是來自人類善良的本性，或者說他們已經喪失了人的本性。

孟子也這麼看。

有人與孟子討論人性的善惡，打了一個比方，說是人性好比急急流動的水，在東邊開了口它便向東流，在西邊開了口便向西流。人是沒有所謂善與不善的定性的，正如水沒有向東或向西流的定向。

孟子反駁說，水確實沒有向東流或向西流的定向，但你卻不能否認它有向上或向下流的定向。人性的善良，正如水性的向下流。人沒有不應該向善的，正如水沒有不向下流的。

不過，人性實在並不是總如水往下流。即如水，也並不是總往下流。譬如，引水上山，譬如，如今的南水北調，就是讓水倒流，從低處往高處流。

人性會變，正如水會倒流，但水倒流不是水的本性，人變惡是喪失了人的本性。換個角度看，水之爲水，應該順其性，人之爲人，應該保持自己的本性，至少不該人間有惡便從惡，便丟掉人的本性，抑善揚惡。

善不可失，惡不可長，善不可謂小而無益，惡不可謂小而無傷，話雖無奇，其理卻深。

善有善報，惡有惡報

善有善報，惡有惡報，說到底，還是人報，是人對自己同類的善舉或惡行給予的回報。

善有善報，惡有惡報。這是一句警示人們行善戒惡的俗語。

這句俗語有人信，有人不信。

不信的原因很多，但大致上都是把這善惡報應看作一種來自上天的獎賞或懲罰。既是來自上天，不信有上天的人自然只把它看作一種人類自生的一種宿命的自我安慰，既是一種宿命的自我安慰自然就不必太當眞，自然可以不信，而且，即使這報應眞來自上天，大約上天也有打瞌睡的時候，因爲人間確實存在惡不被懲，善無回報的不公平。因此，即使信有上天的人，有時也會不信。

其實，善有善報，惡有惡報，說到底，還是人報，是人對自己同類的善舉或惡行給予的回報。

善有善報，這報，是回報，而惡有惡報，這報便是懲罰，或者說是人對人間惡行的報復。

人有報復心，人能對那些不能善待自己的人施以報復，這大約是顯示人類的嚴厲和人事的嚴酷的一個很重要的方面，人間的許多殺伐征戰，人類的許多冤怨相報的爭鬥，都由此而來。不過，從另一個角度說，這也確實是世道運行的一個法則，因爲對那些不仁不義，爲惡爲害的人，實在不能講仁講義，也無法講仁講義，而只能以眼還眼，以牙還牙，比如對慘無人道的軍國主義和法西斯的過分忍讓，就是對人類自身的殘忍。他們要殺人，要不被殺，只有殺死他們。而且，即使打敗了他們，抓住了他們，仍要把那些首惡者送上絞架，這就是懲罰，你要把這稱爲報復也可以，無論如何，這是他們應得的報應。

這種報復，孟子這位講仁義，講恕道的亞聖也同意。比如鄒國與魯國發生衝突，鄒國死了三十三個官吏，老百姓沒有一個去營救的，鄒國國君對孟子發牢騷，說這些百姓實在可恨。孟子卻對他說：「時逢災荒，在你的國中，百姓們年老體弱者拋屍荒野，年輕力壯者四處逃荒，而你的穀倉裡堆滿了糧食，庫房裡存滿了珠寶，你的官吏卻不向你報告，讓你開倉濟民，這等於是殘害百姓。魯參曾經說過：『警惕啊，你怎樣對待別人，別人就將怎樣回報你。』現在，你的百姓終於得到報復的機會了！你有什麼可責備他們的呢？」

多行不義必自斃

有些惡行雖然表面看來沒有即時遭報，但細究起來其實那報應常從惡行得逞的那一刻便已開始了。

你怎樣對待人家，人家就怎樣回報你，這就是因果，這就是報應。

由此看來，善惡有報，實在並不是一種宿命的自我安慰，而是一種人事發展自然的因果規律，這規律，就像我們常說的，種瓜得瓜，種豆得豆，善惡因果，報應有時，這報應，就在那所行的善惡自身。

多行不義必自斃。

當國君的爲王不仁，視民如草芥，民視君則如獨夫。百姓怨聲載道，終而揭竿而起，太平天下，會毀於一旦。民如水，水能載舟，亦可覆舟，這就是報應。

當領導的爲政不仁，視下屬如犬馬，下屬則視領導如賊子，有拆台無補台，一遇急難，縱使不落井下石，也只做壁上觀而見死不救，如鄒國百姓對那三十三個官吏，這也是報應。

聚斂錢財者爲富不仁，稱霸一方，巧取豪奪，欺凌弱小，橫行鄉里，激鄉人側目，恨之入骨，一旦失勢，外有千夫唾指，內裡衆叛親離，這本身即是報應。

所以，人必先有自取侮辱的行爲，別人才侮辱他，家必先有自取毀壞的因素，別人才去毀壞它，國必先有自取討伐的緣由，別人才去討伐它。

所以，《尙書，太甲篇》上說：「天造的罪孽還可以逃避，而一個人自己造作的罪孽，是無論如何也逃避不了的。」

所以，善有善報，惡有惡報，不是不報，時候未到，這是一定的。現實生活中，有些惡行雖然表面看來沒有即時遭報，但細究起來，其實那報應常常從惡行得逞的那一刻便已開始了。曾經看過一齣戲，戲名不記得了，說的是一個大臣在他妻子的慫恿下殺死了國王，謀篡了王位，這大臣和他妻子從得了王位那一天開始，便被恐懼和良心的譴責攪得寢食難安，最終精神崩潰，再無常人的生活和快樂。從某種意義上說，這報應其實是最慘烈的。戲是人演，是演人事，戲中的道理，也就是人事的道理。

這道理，當為行惡者戒。

仁者愛人

「仁」就是「人」，「仁」和「人」合起來說，就是「道」。

——《孟子，盡心章句下》

仁是天最尊貴的爵位，是人最安逸的住宅。沒有人來阻擋你，你卻行於不仁，這是愚蠢。

——《孟子・公孫丑章句上》

君子同一般人不同的地方，就在於居心不同。君子居心於仁，居心於禮，仁者愛人，有禮者恭敬人。愛人的人，總能獲得別人的愛載，恭敬別人的人，總能獲得別人的恭敬。

——《孟子・離婁章句下》

仁即人

仁是人，以仁律己，就是把自己當人看，守仁就是守住自己，守住自己的人性情。

孟子講仁。

他說：「仁就是人」。又說：「『仁』和『人』合起來，就是道」，就是立身之本。

仁是人，以仁律己，就是把自己當人看，守仁就是守住自己，守住自己的人性情。道即人道，重道也就是重人，世界是人世界，得道即是得人，得道也就得世界。

以此修身，我們就會珍惜自己，珍惜生命，把人生看成一個美麗的，使人及人的世界不斷完善的過程，我們不會隨意處置自己。以此養性，我們就會不以物喜，不以己悲，心氣平和，精神曠達。

不懼死，不偷生，泰山崩於前面色不變，臨淵履冰而心不驚。人是自然的化育，來於塵土，終會歸於塵土。生死本相依，生由不得我。死我亦不能抗拒，所以生亦樂事，死亦樂事，歸根到底，威武不屈的是眞性情，富貴不能移的是人本性，貧賤不能易的是眞人生。

不逐利，不貪求，當取則取，不當取不沾，一切依需要而定。一筐飯不嫌少，能飽肚子就心滿意足；十萬金錢，九五之尊，得之亦無可喜，厚祿高官實乃身外之物，爲這失去本性，也就是失去了自己，輕重相衡，實不合算。

不抱怨，不自悔，堯、舜、同公都會有錯，都會有所不能，何況自己本屬凡人。因此，今日無得還有明日，這次錯了下次注意，麗日高照和雨雪霏霏是天的必然，有得有失是人事的必然。

不勉強，不極端，順時而動，順理而行。生當逢時，即入世建功立業，因爲我行的是人道，使人世更美好本是我的本分；生不逢時，便出世獨善其身，因爲人間成功的機會總是有限。

不苛求，不驕矜。我是常人，人也是常人，人會有錯，我亦不免。以自己的長處去挑剔別人短處，以自己的成功傲視別人的失意，就是不仁，就是忘了自己的本性。

忘了自己本性的人，不是眞的人，是不仁。這種人目中無人，其實也忘了自己是人，這種人不會愛人，其實也沒有珍惜自己，最終是自己斷了自己的生機，終日爲保全自己眼前所得而焦慮不安，爲算計別人而疲憊身心，失有煩惱，得無歡樂，如此害人也害自己。

仁者愛人

仁就是人，仁心就是人心，就是仁愛之心，愛人之心。要以仁心待人。以仁心待人，就是愛人。

人需要愛，世界需要愛。愛使人相互聯結，使世界成爲人的世界。地球本是人居於其中的一個大家庭，人字的一撇一捺本就意味著人與人的相互支撐——無愛不成人世界。

人要愛人，世界應該充滿愛。有愛，人的世界才會充滿盎然生機；有人愛，能愛人，我們才能品嘗到生之歡樂，才能有不竭的生之熱情——無愛的世界只是一片冷寂的荒漠。

以仁心待人，這仁心本是我們固有的天性，比如我們敬愛父母長者，比如我們同情老弱病殘，比如我們憐惜幼小，這就是仁愛的萌芽，也是仁愛的表徵。所以孟子說：每個人都有憐恤別人的心情。譬如現在一個小孩要掉進井裡，任何人看到都會有驚駭同情的心情。這種心情的產生，不是為著要和這小孩的父母攀結交情，不是為著要在鄉鄰朋友中博取美譽，也不是因為厭惡處在危險中的孩子的哭聲，而是出自人的天性。

仁愛是人的天性，或者說，應該成為人的天性。無愛無恨的人是痲木遲鈍，有恨無愛的人是冷酷無情。一個以仁愛之心待人的人，可能因為過分的慷慨付出和過分的忍讓寬容而做錯事情，甚至會演出一幕幕人生的悲劇，但就他們的心性看仍不失為眞人，那悲劇也會顯出眞正人生的壯烈，而那些沒有愛心的人，他們也許會因為冷酷而成為成功的竊國者或腰纏萬貫的商人，但他本身不過是塵世的一個污點，他們的人生充其量也只能被人看作一幕瞬間即逝的笑劇。

所以孟子還說：「沒有仁愛之心，是不能算作人的。」

對人要有信心

要以仁愛之心待人，必須建立起對人的信心。要相信人能向善，人能為善，相信我們可以向這個世界施予我們的愛心。

並不是人人都能建立起這樣一種對於人類的信心。譬如先秦法家對人就有一個基本的看法，他們認爲人性本來就是惡的，比如韓非就是說過，在這個世界上，貞德誠信之士還不足十個，即使父母對子女也會用心算計。

這說法有些絕對，絕對了就很難讓人當眞。當眞了，信了，就容易對人失去信心，就容易對人生產生一種悲觀。

對人要有信心。

對人有信心，相信人能向善爲善，相信人都有向善爲善的可能，自然並不排除人性也有惡的一面，也不排除人間有惡人。俗話說，人上一百，種種色色，林子大了什麼鳥都有，這是自然，也是規律。有善就有惡，有好必有壞，忠奸並立，正反相襯，這是人世的正常，如果大家都一樣，也許反而不正常。

但是，無論如何，世上還是好人多。即使隔三差五，總有見死不救，見義不能勇爲者的見聞，但那畢竟還是茫茫人海中的極少數。生活中還有大量於危難中見眞情的眞人，善人在，一方有難，八方支援，有目睹是人間眞情。如果僅以那麼幾例人間惡行爲據，以爲人本都是壞的，那是以偏概全。其實即如我們自己，恐怕大都還是不壞的，有時我們也會趨財，也會做點不好的事，但大體說來，對弱者我們也總能給以同情，對人、事也總有自己的是非，得幫人時會幫人，該自律時也能自律。至少，一般說來，總還知道什麼事能做，什麼事不能做或不該做，雖然這要求低了些，但畢竟說明我們的人性不惡，推己及人，大約也不會錯到哪裡去。因爲人既是同類，在許多方面，都是大體相通的。

還是那句話，對人要有信心。對人有信心，才能寬以待人，不會因爲人的某些缺點弱點或一時一事的失誤去苛責人；對人有信心，才能誠以待人，因爲相信人有其善，人能爲善，便沒有必要去疑人防人。更重要的，對人有信心，才能對生活有信心，才能對社會有信心，才能對人生有信心，才能於艱難的生活中保有一分可貴的樂觀，才能於多舛的人生中見出生之快樂。不用說，總是以惡意度人的人，只會把自己埋入缺歡少樂的陰暗之中。

不失赤子之心

不做我所不願做的事，不要我所不願要的東西，如此而已。

——《孟子．盡心章句上》

道德高深的人，終必不失其赤子之心。

——《孟子．離婁章句下》

能夠充分擴張自己善良的本心，就可以懂得什麼是人的本性；懂得了人的本性，就可以知道什麼是天命。保持人的本心；培養人的本性，這本身就是我們對待天命的最好方法。短命也好，長壽也好，我都不三心二意，只是修養身心，等待天命，這就是安身立命的最好方法。

——《孟子．盡心章句上》

宇宙浩渺，無極無終；

大千世界，生生不息；

人類正居於這天地之間。

人類本是自然的一個部分，人類應該具有最接近自然，最能與自然相融的本質。

而且，只有在自然中，人才能獲得自己最自然也最具生命活力的生態。

可是，我們卻常常與自然分離。

我們肩負著那樣多的責任與義務，我們常陷於人事的攪擾與紛爭，我們拼搏，我們爭鬥，我們獲取，我們占有，我們在磕磕碰碰、跌跌撞撞，終於一步步走向成熟。

可是，我們的成熟又往往意味著我們失去了，或正在失去爲人的本眞。

我們可不可以做到——

不失赤子之心

不失赤子之心，就是不失天眞純樸，不失自然天性。

孟子說，道德高深的人，是那些不失赤子之心的人。赤子之心，也就是幼兒的天眞純樸之心。不失赤子之心，換句話說，就是不失天眞純樸，不失自然天性。不失自然天性，方是眞人。

何爲自然天性？

順自然而動，依本色而行，就是自然天性。

比如幼兒，飢了要吃，飽了不鬧，以天然需求爲度，絕無貪多求利之慾；愛則愛之，惡則棄之，去留取捨，隨心任意，絕無虛飾矯情之僞；愛父母，親同伴，喜天然，愛就是愛，一切出自天性本眞，絕無索取回報之求；瞪大眼睛看世界，不懂就問，不會即學，尋知求智，一切只是爲了天性的培養，絕無功名利祿之念，所有這一切，都是一種自然天性，幼兒無控制世界的非分之想，無制馭別人的包天野心，無聲名權勢的人生之累，無害怕失敗的憂懼焦慮，因而他們也沒有隱於內心的計算，也沒有可以隔夜的仇恨或悲哀，因而他們的快樂也是眞正無所掛礙的生之快樂。

我們每個人都曾有過這幼兒的純樸天眞，我們都不應失去這赤子之心。可是，由於人生的嚴酷，在我們向世界獲取經驗走向成熟的過程中，一次次挫折和跌倒，常會使我們漸漸地失去這赤子之心。我們害怕貧窮，因而我們不再僅以滿足我們自身需要爲度；我們渴望成功，因而我們會常常因失敗的恐懼而無法隨心任意，我們需要意志堅決，因而慢慢學會了不動聲色硬起心腸。我們常常爲功名、利祿、權勢、地位這些人造的幻象所欺騙，有時甚至還在不自覺中甘願受它們的驅遣，因而我們也失落了自己的本眞，我們同時也失去了無所掛礙的生之歡樂。

只有能保持自己自然天性的人，才是精神的偉人，才是可以永遠快樂的人。這樣的人並不拒絕聲名利祿，權勢地位，但他們決不被這些身外之物蒙蔽拖累，得之亦之改自己赤子之心；這樣的人也不懼怕淸貧，因爲他把淸貧看作修養自己心志的必經之途，他安貧樂道，能保持自己的赤子之心。這樣的人，透徹了悟自然之道、人生之道、返璞歸眞，與自然相應合，與天地相吐納，無憂無懼，能愛能樂，這種人，也是最能享受人生的人。

我們應該盡力保持我們的自然天性。

不失本性，不傷根本

充分擴張自己善良的本心，也就懂得了人的本性。保持人的本心，培養人的天性，這就是安身立命的方法。

人是自然的化育，人之性本就自然天成。保全人的本性，也就是保全人的自然天性。即使是行仁仗義，積善成德，也必須源於本性，根於本性。

不傷根本，不失本性，不失赤子之心。

孟子談性，大體如此。

告子把人的本性比做柜柳，把義理比做用柜柳做成的杯盤，他認爲把人的本性歸之於仁義，正好比用柜柳來製作杯盤。

孟子不同意這說法。孟子說：你是順著柜柳的本性來製作杯盤呢？還是毀傷柜柳的本性來製作杯盤呢？如果認爲要毀傷了人的本性然後納之於仁義，那麼，率領天下的人來損害仁義的，一定就是你這種學說。

由孟子的話推論下去，自然是毀傷了人的本性，也就毀傷了仁義，毀傷了人的本性，那仁義便也不成其本來的眞正的仁義。

所以，孟子又說：充分擴張自己善良的本心，也就懂得了人的本性。懂得了人的本性，也就懂得了天命。保持人的本心，培養人的天性，無論短命還是長壽，都不三心二意，這就是安身立命的方法。

眞正的君子，知道要保持自己的本性。地廣物豐，財積民衆，爲君子所求，但君子的眞樂並不在此。靖平天下，百姓樂業，爲君子所喜，但君子的本性並不在此。君子的本性在於將仁義根植於心中，即使理想通行於天下也無所加增；縱然窮困隱居也毫無衰減，內心平靜無瀾，外顯純和溫潤，永遠持性保德而行之不怠。能保持自己的本性，方爲眞人。

相反，若損傷了自己的本性，性不存，道亦不存。譬如邯鄲學步，丟了自己本來的步法而學人從人，終歸是自己不成了自己，甚至連路都走不成了。

不做我所不做的事

不做我所不做的事，不要我所不要的東西。

不失本性，不傷根本，爲我所必爲，求我所可求，如此而已。

行動去取，都必須做到不失本性，不傷根本。

人生在世，自然有許多我們願做而且應該做的事。而且有些時候，在許多情況下，有些事情還是我們必須做的，哪怕一輩子只能做一次，哪怕因此而中斷了自己生命的延續，我們也必須在所不辭。比如國難當頭爲國捐軀。

與此相對應，人生在世，自然也有許多我們不必做或不該做的事，而且有些即使掉腦袋也不能做，比如出賣國家，出賣朋友，傷天害理。

自然，人生在世，也有許多我們可求也該求的東西，有許多我們不可求也不該求的東西。

我們必須在這裡做出選擇，這也是自然的。

如何選擇？

孟子說，不做我所不做的事，不要我所不要的東西。不失本性，不傷根本，爲我所必爲，求我所可求，如此而已。

細說起來，這「我所不做的事」，既包括我們不可做的事，也包括我們不願做的事。

做不可做的事，常常會損害別人，會被千夫所指，會受制裁。即使不受制裁，稍有良知，會日夜不寧，問心有愧；良知全失，也免不了擔驚受怕，飲食難甘。

做不願做的事，就必須勉強自己，甚至要強迫自己，不能隨心所欲，也無法盡心竭力，雖是舉手之勞，也會覺得苦不堪言。事情做不好不說，嚴重的是還會因此扭曲了自己，改變了自己的眞性情，最終失去了精神的舒展和心靈的自由。

相同的道理，不要我所不要的東西。不該要的東西不要，比如來路不明的不義之財；不必要的東西也不要，比如名實不符的空銜虛譽。不該要，不必要的東西，要了，人就變成了外物的奴隸，本來受人驅遣，被人役使的外物便轉而控制了我們自己，人也就不成其爲萬物之靈長了。更有甚者，貪小利而忘大義，生出填不滿的慾壑，長成呑象的蛇心，最終會一個跟頭跌進萬劫不復的深淵，永世不得「超渡」。

話說回來，不做自己不做的事，不要自己不要的東西，說說容易，眞做起來，其實很難。比方說，現在有人送了禮來，要還是不要，就可能十分地傷神。這裡不僅有關係自己切身利益的取捨，而且還有人情面子、人際關係的考慮。說到底，我們都是凡人，是凡人就難以超凡入聖。

這裡的關鍵，恐怕還是在於我們自身。一句話，戒物慾，存眞性，當取則取，只要來得正，十萬錢不嫌多；不當取則不取，來路不正，一瓢一飲也嫌多。至少，心術不正的禮總是不能受的，該打回去還得打回去。俗話說「閻王不打送禮的」，那是說閻王，而我們就是我們自己。

良知、正氣、節操、胸懷

人不須學習便能做到，這是良能；不必思考便可以知道，這是良知。幼兒稚童知道親愛其父母，長大以後知道尊敬長上，親愛父母是仁，尊敬長上是義。這裡沒有別的原因，只是因為這種良知可以通行於天下。

——《孟子・盡心章句上》

我善於培養我的浩然之氣。……這種氣，最偉大，最剛強，用正義去培養它而不使它受到傷害，它便可以充溢於上下四方，無所不在。

——《孟子・公孫丑章句上》

天下有道，則循道而行，使道偏施於天下，天下無道，則持性守道，以身殉道。

——《孟子・盡心章句上》

君子的操守從修養自己開始。

——《孟子·盡心章句上》

孔子登上東山，便覺得魯國原來是那樣的小，到他上了泰山，連天下也顯得不那麼大了。所以，看過大海，便不再被其他的水吸引，以聖人為師，其他的議論便再也無法吸引他了。

——《孟子·盡心章句上》

人類已經走過了一段漫長的發展歷程。

大體上說，人類在自己漫長的歷史發展過程中所做的一切努力，無非是要使人居住的這個世界變得更美好，使人自身更趨於美好。

世界是人的世界，是人創造的世界。

世界的意義存在於人類自身的行爲中。

因此，歸根結底，世界的美好還在於人自身的美好。

什麼樣的人能稱得上美好？

不泯良知，一腔正氣，貧賤不移，富貴不淫，威武不屈；與天地相應合，與自然相吐納，依時而動，順勢而化，隨性率眞，無羈無掛——堪稱美好的人，是那些有良知、正氣、操守，且有高境界，大胸懷的人。

良知

所謂良知，也就是一個人衡人論事、待人接物的最天然、最恰當，也最符合人性的準則和知性。

良知是人應該具備的最重要、最根本的品質，人不能泯滅了良知。

什麼是良知？

孟子說，不必思考便知道，這就是良知。換句話說，出自天性的趨善避惡就是良知。

比如幼兒稚童親愛父母，恭敬長上，善待兄弟，不學而能，不慮而知，出自人的親情本性，這便是良知。及其年長，能恤老憐弱，尊重他人，同情仁愛，仗義直行，便是保持了良知。

由此看來，所謂良知，也就是一個人衡人論事、待人接物的最天然、最恰當，也最符合人性的準則和知性。它來自於人的自然天性，明之於人對世道人生的通達，成之於人對善惡是非的明察。它外化為一個人最美好的德行，它包容著一個人立身處世的最自然的情態。

它要求人同情、仁愛、仗義、公正；

它要求人明理、得道、坦誠、率眞。

有良知，便知仁愛惻隱，同情弱小，樂善好施。他的愛心能如春風化雨，自然而然地潤澤於他人。

有良知便明是非，嫉惡如仇，行俠仗義。他的眼中揉不進一粒沙子，依正道而行，無懼無怯，勇往直前。

有良知便能持世道的公正，不偏不倚，涇渭分明，無私無我而又無所不包，無所不容。

有良知便可坦誠率眞，持性存眞，一派天然，無所掛礙，無需矯情，不必瞻前顧後，從容和緩，隨心所欲而不逾矩。

這就是良知的內涵。

社會需要良知。世道的正常需要良知，人間的公正需要良知。人有良知，社會才能行之於正道。

正氣

根植於人的本性的正氣，是一種精神，一種神氣。

俗話說，樹活一張皮，人活一口氣。樹無皮就會凋萎，就會枯死；人無氣便會萎頓，便難以立世。

這裡說的氣，是指根植於人的本性的正氣，是一種精神，一種神氣。

這正氣有四：

臨淵不驚，臨危不懼；寧死不屈，寧折不彎；寧拋頭顱，不失節操；國難當頭能奮然而起；危急時刻敢捨身成仁；風蕭蕭兮易水寒，壯士一去兮不復還。此爲壯氣。

臨風把酒，橫槊賦詩；壯心不已，志在千里；天生我材必有用，千金散盡還復來；自信人生二百年，會當水擊三千里；萬物皆備於我，當今之世，捨我其誰，此是豪氣。

不以物喜，不以己悲；心不戀進退，思不慮得失，即使在人生最晦暗的時刻，也能沐江山之風月，駕淩波之扁舟，舉杯邀月，游目騁懷；不求與日月相始終，只見今世之樂趣無窮。此是逸氣。

與天地相應合，與自然相吐納，春蟲秋蟬，盡可入耳，夏雨冬雪，皆可濯心，萬物靜觀皆自得，四時佳興與人同；見花放水流，能知其旨趣，聽禽鳴天籟，可悟其天眞，此是清氣。

這壯氣、豪氣、逸氣、清氣，合在一起，便是君子所有的正氣，也是具有不竭自然生氣的浩然之氣。

有此四氣，人性便能得到不斷的滋養，就能達到物我同一，天人合一的境界。有此四氣，就能使自己充實光大，立身處世，便可進無懼色，退有歸宿。進，不以成敗論英雄，因爲他懂得，毀有可喜，成有可憂；退，不以得失爲要務，因爲他明白，得必有所失，失亦能有所得。不浮躁，因爲不必浮躁；不張狂，因爲沒有什麼値得張狂；不氣餒，也不強求，因爲一切都是天命，一切都有它必然規律；無過分之喜，亦無極端之憂，因爲一切得失成敗都是人生的正常。

有此四氣，便是眞的人。

眞的人能抵禦一切邪惡之氣的侵淫，即使處於惡氣染出，穢氣彌漫之中也能無疾無恙。

眞的人有吐納萬物，俯仰人生的懷抱，即使在生死之際，照常慷慨瀟脫。

節操

節操也就是人的氣節與操守。有節操便無掛礙，一切以大道爲持守，一切以義理爲取捨。

人應該有節操。

何爲節操？

有一次，信奉陰陽學說的景春對孟子說：「當今的公孫衍和張儀難道不是眞正的大丈夫嗎？他們一發怒，那些諸侯便都害怕安靜下來，天下便太平無戰。」

孟子不同意這說法。

孟子說：這怎麼稱得上是大丈夫呢？一個人應居住於天下最寬廣的大廈，那就是「仁」，要站立在最正確的位置，那就是「禮」，該行走於最光明的大道，那就是「義」。得志，便與百姓循道而進，失意，也能獨自堅持自己的原則。富貴不能亂我心，貧賤不能改我志，威武不能屈我節，這才叫做大丈夫。有節操者方可稱丈夫。

由此看來，節操也就是人的氣節與操守。

一腔正氣，可貫長虹，不虛飾，不苟且，不貪戀榮華富貴，不懼怕權勢強力，不以全身而偷生，不爲五斗米而折腰，這就是氣節。

知正道而持行不怠，守本性而遺世獨立，行仁仗義，依理遵道，這就是操守。

合而論之，人之節操，在於內則爲仁德，化於外則爲堅貞，執於行則成義禮，達於人則爲典範，說到底，立命處世，節操是人之根本。

有節操便心志堅定。富貴不淫，貧賤不移，威武不屈。度盡劫波而不改其志，遍嘗艱辛而不改其衷。意志剛強，守身如玉。

有節操便無掛礙。一切以大道爲持守，一切以義理爲取捨。以天下爲己任，忘我無己，求實捨名，視榮華富貴如糞土，看權勢名位如蔽屣，知天安命，自足常樂。

有節操則無懼。不懼艱辛貧賤，不論存亡生死，天下有道，便以逆殉身，順天而行，依理而動，躬親劬勞，驅馳奔走，得失不計，無怨無悔。天下無道，則以身殉道，寧爲玉碎，不爲瓦全，守護自己的品德節操，捨身成仁，無怯無懼。

有節操方爲君子，有節操方爲丈夫，有節操才算得上仁人志士。

有節操方爲眞人。

境界與胸懷

人應該能在自己的人生旅途中不斷地提昇自己的境界，拓展自己的胸懷。

境界，說白了，也就是我們看事衡物、知覺自然、理解人生的眼界，是我們通過身心知會外物所達到的範圍和限界。

人生需有境界，而且需有大境界。

有大境界才能仰觀宇宙之大，俯察品類之盛，有大境界，才能於仰觀俯察中極視聽之娛，游目騁懷，有大境界才能有吐納萬物的大胸懷。

孔子登東山而小魯，登泰山而小天下；

來到煙波浩渺、極目無涯的大海邊上，我們會頓覺天寬地闊，胸懷開朗。

人應該能在自己人生的旅途中不斷地提昇自己的境界，拓展自己的胸懷。

可是，我常常又做不到這樣。我們的眼界常常脫不開眼前之物的限制，我們的胸懷常常難得開闊博大。

細究起來，限制我們的境界與胸懷的，常常就是我們的感官對於外物的迷戀和沉溺，就是我們的心智對於名利的慾望和貪求。

我們的視覺對於美色的迷醉，就常使我們忘記了美醜不過只是相對而論，使我們忘了花無百日紅，我們在對炫目美色的貪戀之中，無法從平淡素樸中領略返璞歸眞。

比如我們的聽覺戀華麗的樂音，也常使我們忘了自然天籟的美妙，我們常沉溺於那亂耳的五音，而失去了許多與自然知會溝通的良辰。

而我對於名利的追求，則更使我們常忘了那顯耀尊貴。榮華福祿，於人生來說，只不過如曇花一現的過眼煙雲煙，我們常常在對於功名利祿的銳意貪求中身心勞損，在一得一失的謀劃算計中變得偏狹小氣，目光短淺。

如此看來，要使自己眼界開闊，胸襟開朗，關鍵還在於我們自己，在於我們擺脫功利物慾的誘惑，在於我們在對自然、人生眞諦的參悟領會中去回復到人的本眞。

正常的做法應該是：不迷戀，不沉溺，順時而動，依勢而行，自在天然，從容和緩，能如此，便能虛靜空靈，虛懷若谷，便能與天地相應合，與自然相吐納，便能於動靜相宜中知會萬物，了悟世情，與萬物相溝通。

不貪求，不陶醉，知足長樂，無己寬容，無所束縛，行止隨心。能如此，便能持性立德，仗義順道，既不必爲一得一失去費盡心機，因此也不會勞心傷神。能如此，我們的眼界也就自然不僅眼前所見拘約，我們的胸懷也自然可以開闊了。

而有大境界，大胸懷，我們也就能自成高格，我們也才能度眞人生。

心性的滋養

一種植物，如果曬它一天，凍它十天，那麼，即使它有最強的生命力，也不可能使它再度生長。

——《孟子・告子章句上》

假若得到滋養就沒有東西不可以生長，如果失掉滋養就沒有東西不會消亡。

——《孟子・告子章句上》

仁是人心，義是人路，放棄正道而不走，喪失了善良心性而不去找尋，這種人是可悲的愚蠢。學問之道沒有別的，只是要把那喪失的善良心性找回來罷了。

——《孟子・告子章句上》

修養心性最好的方法就是減少物質的慾望。慾望不多，縱使善性有所喪失，失去的也不會太多；慾望太多，縱使善有所保留，那保留下來的也會極少。

——《孟子・盡心章句下》

環境改變氣度，奉養改變體質。

——《孟子・盡心章句下》

性必有所滋養維護

禾苗的茁壯，全賴雨露的滋養；
江海的不竭，全賴細流的增益；
人的本性，也全憑人自身的維護與保全。

人稱修養身心為修身養性。
修身養性，意思很明白，即性必有所滋養。
孟子舉了一個例子。
孟子說，譬如齊國都城南郊的牛山，山上的樹木曾經很茂盈，但因為這山緊靠都城，因而常有人去砍伐那山上的樹木，這怎麼能使它保持茂盛呢？那山上的樹木自然是日沐陽光，夜承雨露，不斷生出嫩芽幼枝，不斷地在生長，但卻抵不住日日的斧斤砍伐和牛羊的踐踏，如今已經是光禿禿的了。人們看見它光禿禿的樣子，就以為這山不曾有過大樹，其實這是錯看了牛山的本性。

人的仁義善良的心性，也就好比那牛山的樹木。在孟子看來，仁義善良，其實人人都有，一些人之所以喪失了他們善良的心性，就因爲他像用斧斤對付牛山之上的樹木一樣，每天都在砍伐它。他們在夜裡承接的一絲清明之氣，於自省中所得的一點善良之芽，在白晝中卻又讓它們消失在爭鬥之中。如此反覆，他們心中的那一絲良善也便再也不復存在。這樣的人在孟子看來只配與禽獸爲伍。

糟糕的是，在另一些人看來，還會以爲這些失掉善良心性的人本就沒有過善良的心性，以爲人性本就善惡之分，由此，自己也會迷失了本性。

所以，假若得到滋養，就沒有東西不可以生長；假若失掉滋養，即使起初非常蓬勃繁茂，最終也難免消亡。

禾苗的茁壯，全賴雨露的滋養；

江海的不竭，全賴細流的增益；

禾苗沒了雨露，便失生機，江海離了細流，便成涸澤。

而且，不遭，不被踐踏，才能保全草木的繁茂。

同樣的道理，人的本性，也全憑人自身的維護與保全。

養生與養性

在養身之上，我們更應該注重修養心性，因人的生命之流只有以健全的心性為依託，才能不竭不息。

每個智力健全的正常人都知道要保養自己的身體，古人管保養身體叫做「養生」。

我們都希望能盡量活得長久。但我們的生命又常常顯得那樣危弱，有時甚至一個毫不起眼的疔瘡也能中斷我們生命的過程。

因此，我們不能不注重養生。不過，在養生之上，我們更應該注重修養心性，我們不能只知養生而忽視甚至放棄了養性。

假若一個園藝放棄香樟梧桐而去培養酸棗荊棘，那他一定是個很糟糕的園藝家；

假若一個人只注意保養他的一個手指而輕視了維護他的肩頭背脊，那他一定是個糊塗透頂的人；

假若一個人只知道保養自己的皮膚皮囊而放棄了修養意志心性，那他一定是個愚不可及的人。

只知養生而不知道養性，其實也並不眞知道何爲養生。

說到底，養性其實就是養生。

冬去春來的大雁，寧願爲一口水，一口食而不避艱辛，寧願爲避開嚴寒，尋找溫暖的陽光而長途跋涉，卻不願被供養於溫暖優雅，安全無虞的庭園。因爲那樣它會失去它排空馭氣、自由飛翔於藍天的快樂，那能使它避開風雨艱辛的庭園在使它獲得安適的同時也讓它丟失了自己的天性。

喪失了天性，生命也會隨之萎頓。

一個只注重自己形體的人，常常對自己形體哪怕極微細的變化也非常敏感上心，他會爲眼角多了一條皺紋而焦慮，擔心自己是否太早地走向了衰老，他會爲自己偶爾一次的消化不良而著急，害怕自己患上什麼不治不症，對於自己形體的關注最終會改變他作爲一個人正常的心性，即使沒病，最終也會得病。

相反，一個遭逢病厄，留下殘疾的人，假如他能持性忘形，不讓自己形體的殘疾煩擾自己，而能保持自己正常人的心性，他就會忘了形體殘缺的痛苦，他的生命力照樣會蓬勃旺盛。

歸根結蒂，人的生命之流只有以健全的心性爲依託，才能不竭不息。

持之以恆，積善成德

為學行事，成在持之以恆；
積善成德，也成在持之以恆。

人之修身養性，還必須有常性，必須持之以恆，行之不輟。

正如雕刻，鍥而捨之，朽木不折，鍥而不捨，金石可鏤。學習知識是這樣，不可作輟無常，只有持之以恆，方能日有所進。做任何一樁事都這樣，這是必然之理。

豈止做事學習是如此，人的德能心性的培養，也決不是一朝一夕可以成就。常這道積善成德，這積便在於月累日積，設若心無恆心，性無常性，最終必然功虧一簣。功虧一簣說的是下面這個故事。

周武王建立周朝，做了天子，四方各國都來朝拜。當時的小國西戎也派來了使者，送給武王一匹西域大狗和許多土特產，武王很高興地收下了。這時，武王身邊的太保召公對武王說：「這都是因爲您的功德啊，四方都歸服於您，不論遠近，那帶著貢物來奉獻。但您最好將這些珍寶再賞賜給那些同姓的小國。」

武王不明白，便問爲什麼。

召公解釋說：「玩物這東西是談不上貴賤的，關鍵是人的德行。無德，物便分文不值，有德，物才顯出它的珍貴。德性要靠自己來修養。有盛德的人不可以沉溺於聲色之中，沉溺於聲色便會玩弄別人，把稀世的物件當做玩物會使人喪失志氣，而把人當玩物便會喪失德行，這就叫『玩物喪志，玩人喪德。』」

而且，召公接著說：「君子應該隨時積累德行，時刻不忘修養德行，即使細微的行爲也不能忽視。這正如要築起一座九仞高的土台，需要一筐土一筐土地堆積，如果已經推到只差一筐土就成了的時候，你不把這一筐土加上去，那土台仍然是不成的。」

為學行事，成在持之以恆；

積善成德，也成在持之以恆；

一曝十寒，即使有良好德性的萌芽，這萌芽也無法生長——這是孟子說的。

養心莫善於寡慾

孟子說，養心莫善於寡慾。換句話說，就是要盡可能不受外物的迷惑，減少自己對外物的慾望，才能很好地修養心性。

人容易受到外物的迷惑，或者說誘惑。

人受到外物的誘惑，慾望就會膨脹。

人受到自己膨脹的慾望牽引，就會走向迷途，就會迷失了自己的心性，就會喪失自己的心性，就會喪失自己的本性。

比如魚是我們希望得到的，熊掌也是我們希望得到的。但是二者不可同時得到。

二者不可同時得到，這樣有所得必有所失，這是人事的正常。心智健全的人都懂得這正常。二者不可兼得，當取熊掌而捨魚，這也是人事的正常，心智健全的人也都明白這正常。

可是我們又常常禁不住誘惑而忘了這些正常。我們爲了滿足二者兼得的慾望去焦慮、去算計，更有甚者，爲了能二者兼得而不擇手段，挖空心思，損人利己，寡廉鮮恥，終而至於扭曲了人的本性，喪失了人的本性。

外物的誘惑和慾望的牽引，使我們常常忘了人生更重要的東西，忘了人的最寶貴的東西。

我們常常把人生比做一場盛宴。這盛宴之上美酒佳饌的滋味不過是過口即逝的一時的快意。明智的態度應該是不挑剔，不迷戀，不沉溺，取我所當取，留我所必須。而且，天下沒有不散的宴席，宴席散後，剩下的除了我們做爲人的存在還能有什麼呢？

可是我們卻常常會挑剔，對那酒菜的甜酸鹹淡總覺得不能如意，我們常會忘了挑剔的不過是嘴的味覺，而那能長久地留在我們體內，並化爲我們生命所必須的並不是那被我們挑剔的色香味。

於是，我們在那色香味的誘惑下忽視了許多於人有用的東西，因之也放棄了，失去了許多有用的東西。

人生宴過，所獲無幾。

難道這不正是人生的一種悲哀？

居養氣，移養體

居養氣，移養體，是說環境可以改變人的氣質，奉養可以改變人的體質。

依我們今天的看法，人心性的善惡，與人先天的生成或遺傳實在並沒有太大的關係，至少沒有什麼必然的聯繫。人既有向善行善的可能，也有趨惡爲惡的可能，換句話說，人性既可能是善的，也可能是惡的，這些「可能」其實都是後天的習染陶冶所造就。一個人行善爲惡，成爲一個有良能善德的人或邪惡陰毒的人，最終還是取決於社會教他什麼和他從社會接受什麼。不這樣看，許多現象就無法解釋，比如俗話說的一娘生九子，何以九子九個樣？比如一個節儉勤勉之家，何以偏偏會生出游手好閒的敗家子來？

歸根到底，人的善惡，乃至人的個性、氣質，都是環境造就的。

這有點類似於農作物的栽培。一樣的種子，撒到地裡，長勢和收成有可能不同。之所以不同，是因爲土地的肥沃與貧瘠有不同，陽光雨露的多少有不同，人工的勤懶有不同。所以我們常說，花園的花朵開放得是否燦爛絢麗，與園丁以及園丁們如何澆灌剪裁有很大關係。

說個許多人都知道孟亞聖本人的故事。

亞聖幼年喪父，家境貧寒，無力居於城中，只能於城外靠近公共墓地結廬而居。墓地中常有人哭靈祭祀，年幼的亞聖耳濡目染，故而壘墳哭拜成了他的日常遊戲。孟母見之，心中悚然，知道如此下去，兒子必難成器，便咬牙遷於城中。先是居於市井，鄰居是一屠戶，屠戶日常的操刀叫賣，又爲年幼的孟子所熟習，不時也學著吆喝兩聲，還極有那屠戶喊出的韻味。這自然又使孟母爲兒子的成長憂慮，下決心又做了一次搬遷，最後在一學堂附近住下。學堂的朗朗書聲，學堂學子與先生的儒雅風範，使亞聖終於傾心於求學問道，最後在一學堂附近住下。學堂的朗朗書聲，學堂中學子與先生的儒雅風範，使亞聖終於傾心於求學問道，亞聖終而至於成爲了亞聖。

這故事大約免不了有後人的演義糅染於其中，但即使純屬演義，其中的道理，不也仍然值得我們謹愼思之。

處世篇

人生的磨難

天要把重大的使命降落到某人身上，必定先要苦惱他的心意，勞動他的筋骨，飢餓他的腸胃，困乏他的身體，並且使他的一次次行動都不能如意，以此來鍾煉他的心志，堅韌他的性情，增強他的能力。一個，常常出現錯誤，才能學會改正錯誤，心意困苦，思慮阻塞，才能有所憤發創造；心中所想，只有表現在面色上，吐發在言語中，才能被人了解。一個國家，國內沒有知法度、有才幹，足以輔弼君王的大臣和士子，國外沒有相與抗衡的敵國和足以使人憂懼警惕的外患，常常會自己走向衰亡，這就是所謂憂愁患害足以使人生存，安逸快樂足以致人死亡的道理。

——《孟子·告子章句下》

人，生於世必行於世。

人都以自己獨特的方式立身行世。

一個人，無論以什麼方式行世，他都必須承擔起他在人生旅途中遭遇的一切：風靜浪止的順境、春風得意的坦途、愛情的甜蜜、成功的喜悅……自然，這裡也有風風雨雨、浪激險礁、災難患害——這一切他都得承受，他無可逃避。

那麼，在面對這種種人生境遇時，明智的態度應該是什麼呢？

生於憂患而死於安樂

只有心意困苦，思慮阻塞才會奮發創造，

只有身處逆境，歷經磨難，才會求生存進取。

世事艱難，人生多舛，是說人生少不了挫折，少不了坎坷。

一個人要想成就一番事業，必得能承受得起人生的挫折和坎坷。

孟子說：天將要把重大的使命放在某人身上，必然要先苦惱他的心志，勞累他的筋骨，飢餓他腸胃，空乏他的身體，而且會使他的每一次行動不能如意。……

何以如此？就在於順遂優遊、安逸快樂總使人喪志怠惰；而災難坎坷，憂愁災患卻常能使人向上奮發，這也就是古人常說的生於憂患而死於安樂。只有心意困苦，思慮阻塞才會奮發創造，只有身處逆境，歷經磨難，才會求生存進取。從這個意義上說，世事的艱難多舛，人生的坎坷曲折，於人來說其實並不是壞事，事實上，正是人生的艱難和坎坷，磨礪了人的意志，堅強了人的筋骨，堅韌了人的性情，增強了人的能力，使人能擔當起天賦的重任，成就自己人生的功業。

古往今來，凡成大事業，有大成就者，無不如此：

舜自田野中興起，當初他曾居於深山，與木、石同處，以鹿、豬為鄰，同深山野人相差無幾；

孔子生於亂世，周遊列國四處碰壁，曾困於陳蔡，無米斷炊，險些餓死道中；

孫臏遭忌，在被剜去雙膝蓋之後修成一部傳之後世的《孫子兵法》；

屈原被讒言所害，屢遭放逐，於三湘四水的荒蠻野嶺中賦得絕唱《離騷》；司馬遷直言情理，受囚禁之大侮，領宮刑之奇恥，隱忍不怠，方成一部「無韻之《離騷》」……

所以，人當有自信，還當能承受生活的挫折，能經受世事的艱辛，能忍受人生的磨難，至少，要有承當起這一切的心理準備。

德慧術知來自憂患

人之所以有德行、道術、智能，總是由於他經歷的災患。

而且，人的德能的修練，也更多地來自人所經歷的挫折與災患。

孟子說，「人之有德慧術知者，恆存乎疢疾。獨孤臣孽子，其操心也危，其慮患也深，故達。」孟子這段話，用我們今天的話來說就是，人之所以有德行、道術、智能，總是由於他經歷的災患。只有那些孤獨之臣，地位卑賤之人，才時常警醒自己，考慮災患也更深刻，所以也更通達事理。

人之德慧術知，恆存乎疢疾，事實確實如此。往極端上說，人能長成，人要成人，本身就十分地不易，本身就伴著各種災患。十月懷胎，做母親的不小心一個噴嚏，就可能把一條新生命犧牲掉，不小心吃錯藥，就可能給人生留下不治之症。一朝分娩，我們來到世上，更有許許多的暗患隱憂在那裡等著，蓋多了會熱，蓋少了要受涼；蹣跚學步，一不留神，摔了碰了，輕則留疤破相，重則落下殘疾，上馬路可能被車撞著，走小巷還怕遇到拐騙兒童的壞蛋，人就在這跌跌撞撞、磕磕碰碰中長成，經不住則難以成人，沒有磕碰，長成了亦是溫室之花，好看不中用。

人長成大人的過程，自然不能與人長成以後在社會中摸爬滾打，於災患挫折中求智成德相提並論；但其中的道理卻是相通的。正如俗語所說，要知道梨子的滋味，必須親口嚐一嚐；沒有眞愛過的人，就不知道什麼是「情到深處人孤獨」；沒有經歷失戀，也總難體會失戀者的痛苦，同樣的道理，不跌跤，就不知道如何不跌跤；不經歷挫折，也就不知道如何避免挫折；沒有災患，就沒有對於災患的深刻認識，人的心志得不到的磨練，人的德能也難以眞正修成。

所以，從個人的成長來說，災患和磨難，其實還不僅僅是鍛鍊人的意志，促人奮發的外部因素，它事實上還是使我們變得聰敏通達、智慧明世的必經之途，與順遂通暢相比，它更是人生的不可多得的財富。

記住自己是常人

人生而平等，人是常人，我也是常人，有常人心，使能以常人之思去處世待人。

說到底我們都是常人。

即使己身居高位，即使擁有了萬貫家財，即使已聲名遠播，即使的確成就了什麼驚天動地、衆人仰慕的偉業——

也應該記住，自己是常人。

因爲，即使有了那麼多的了不起的地方，我們仍不免人都具有七情六慾，我們仍然過的是常人都過的日出而作，日入而息的生活，我們餓了也要吃，困了也要睡，親人故去，我們會悲傷，添女得子，我們也高興。即使是聖人，也有它永為常人之處。本為普通人，更應該記住自己是常人。記住自己是常人，就得要有常人心。

一次，齊相儲子與孟子相遇，問了孟子一個問題：「齊王總打發人去探視先生，想必先生一定有什麼與別人不同的地方吧？」

孟子回答說：「有什麼跟別人不同的地方呢?堯舜也同一般人一樣呢？」人具有的我都具有，人沒有的我亦不可強求；我跟人一樣，人跟我一樣。聖人和我也沒有什麼不同。這就是常人心。

相反，目中無人，目空一切，以為天下人都不如我，這是失了常人心；妄自菲薄，自暴自棄以為自己一切都不如人，這也是失了常人心。如此這般，就是忘記了自己是常人。

忘記了自己是常人，便要麼一切都想得到一切都要爭取，以為這世界的一切本為他一人準備，要麼一切都會放棄，一切都不去爭取，畏畏葸葸，怯懦卑瑣；這兩種行為，無論哪一種，其結局都會是使人最終失去自己人生的眞趣。

要有常人心。

有常人心，便能以常人之思去處世待人。不得意傲人，因爲人生而同樣，生而平等，人是常人，我也是常人。

有常人心，便不會輕己，人所具有的我都具有，人能承受的我也都能承受，我沒有必要匍匐到某人的腳下。

有常人心，便會注重現世一切，便會心平氣和，安之若素地接受這現世的一切。無論是風和日麗、春風得意，還是憂愁患害、災厄困頓，都是人人都會遇到，人人都得承受的人生的正常。人生本如羈旅躦行，不驕不躁、不浮不餒，持性獨立，方能有眞的人生。

有常人心，便不會去妄求那不可得的東西，更不會企圖獲得永恆。由此，便會遍嘗苦辛也能甘之如飴，便會眞正享受到生之樂趣，由此，也就眞正有了常人的快樂。

常人的快樂，才是恆久的快樂。

人生之樂

只有有道德的人才能夠享受快樂，沒有道德的人縱使有某種快樂，他也無法享受。

——《孟子‧梁惠王章句上》

一國之君，能以百姓的快樂為自己的快樂，百姓也會以他的快樂為自己的快樂；能以百姓的憂愁為自己的憂愁，百姓也會以他的憂愁為自己的憂愁。能和天下人同憂同樂而不能使天下歸服，這是從來沒有的事。

——《孟子‧梁惠王章句下》

別人理解我，我自得其樂，別人不理解我，我也自得其樂。

崇尚德，喜愛義，就可以自得其樂。所以，士人窮困時不失義，得意時不離道。窮困而不失其義，所以自得其樂，得意而不離其道，百姓便不致失望。古代的人，得志，便惠澤施於百姓，不得志，便以德行的修養表現於世人，窮困能獨善其身，通達則兼善天下。

——《孟子‧盡心章句上》

我們努力要使我們的世界越來越美好；

我們盡力去尋求人生的快樂；

那麼，什麼人才能得到眞正的快樂？或者，什麼才是眞正的快樂？

而且，實際情況是，誰也不能保證我們永遠無憂無虞，無哀無慮，我們在生活中常常遇到許多的不快樂。

那麼，當外部世界使我們不快樂或不那麼快樂的時候，我們該怎麼辦？

有德者方能有樂

眞正的快樂，能使人感到充實的快樂，應該是那種無所掛礙的精神舒展，是那種了無愧怍心靈的輕鬆，是那種胸懷坦蕩的樂天知命。

孟子和梁惠王在一個池塘邊觀景。梁惠王環顧著周圍的鴻雁麋鹿，面呈得色，對孟子說：「有道德的人也高興享受這種快樂嗎？」

孟子回答說：「只有有道德的人才能夠享受這一種快樂，沒有道德的人，即使有這種快樂，他也享受不了。」——有德者方能有樂。

孟子這話是什麼意思，梁惠王不懂。

人生的快樂有多種，但歸根到底，眞正的快樂，能使人感到充實的快樂，應該是那種無所掛礙的精神的舒展，是那種了無愧怍心靈的輕鬆，是那種胸懷坦蕩的樂天知命。

這種快樂，只有那種有德得道的人有，小人沒有，也不可能有。

小人趨利，因此小人總有所掛礙，得之則喜，失之則憂，而且即使得了，那喜也總難持久，因爲利慾之心難足，他還得爲更大的得去煩惱焦慮。

小人趨利便常耍手段，因爲不要手段常會無得，因此小人難以無愧無悔。

小人趨利，便心中只存利，利遮雙目，慾迷心智，胸懷是無論如何也坦蕩不起來的。小人常戚戚。

道德高深的人，奉行大道，因而不以一時一事得失爲重；得道樂天，因而不以功名利祿爲務，勘破世情，悟徹事理，因而持性任意，知足常樂。這樣的人，得樂能樂，苦中也能樂。

曾子就是這樣的人。

曾子從學於孔子，得道立德，便安貧樂業。有一個時期，他的家裡徒有四壁，一貧如洗，被絮破得像魚網，鍋台常常幾日沒有煙冒出來，一頂帽子斷了又接上的舊帽，一身捉襟見肘的破衫，連鞋都從腳後跟處裂開了。而且面呈病態，仍是整日勞作。但他並不以爲苦，仍然無憂無慮，樂和瀟灑，還能每日吟唱歌曲自娛。

這樣的人，才是得眞快樂的人，才是眞能自得其樂的人。

與人同樂方有眞樂

能與人同樂的樂，能與人分享的樂，可以使自己快樂倍增。

有德者方能有樂。

得道樂天，道德高深的人，退能自得其樂苦中有樂；功成業就，則與民同樂，與人同樂。

能與人同樂的樂，能與人分享的樂，才是眞快樂。

能與人同樂的人，才是眞能樂，眞有樂的人。

《詩經•大雅•靈台》中唱道：「開始築靈台，經營復經營，大家齊努力，很快便落成。王說不要急，百姓更賣力，王到鹿苑中，母鹿正安逸。母鹿先且肥，白鳥羽毛潔，王到靈沼上，滿池魚跳躍。」

這詩中的王，是周文王。文王用了百姓的力量修築靈台靈池，百姓卻非常高興，原因就在於他的仁政得了民心，他肯和百姓一同快樂他自己也非常高興。所以，有德者的樂，是能與人分享的樂，這樂本就是可以使自己樂，也可以使別人樂的樂，是眞快樂。

殘暴的人則正好相反。

夏桀以爲做了帝王，得了天下，便擁有了一切，得意高興，甚至自比太陽，說道，「太陽什麼時候消失，我就在什麼時候死亡」

但老百姓怨恨他。

《湯誓》中就記載有當時老百姓的怨歌：「太陽啊，你什麼時候消失呢？我寧願和你一道死去！」

孟子說，作爲一個國家的君主，竟使老百姓怨恨到不想再活下去的程度，他縱然有高台深池，奇禽異獸，難道他眞能享受這樂嗎？

他自然不會有眞樂。

暴君的快樂，小人的快樂，是建立在百姓的痛苦，他人悲哀之上的快樂，因而他們的樂也是不能與人分享，也無法與人分享的樂；他們的樂，換來的也只能是百姓的怨恨，路人的側目，因而也決無眞正的快樂。

這些說的都是帝王。

其實，我們常人也可以有與人分享的快樂，可以與人分享快樂，比如助人爲樂，比如爲正當事業的奉獻之樂。至少我們可以去尋找這種快樂。

不記得是哪位哲人說過：分擔別人的憂愁，可以使他的憂愁減輕一半；與人分享自己的快樂，可以使自己快樂倍增。

這對話任何人都合適。

自得其樂

自得其樂不失為一種應付沈重而充滿艱辛的現實人生的變通方式，不失為一種調劑人生的潤滑劑。

不用說，我們都希望我們的生活充滿快樂。但是，希望終歸是希望。對於許多人來說，現實人生常常是那樣的嚴峻以至嚴酷，荊刺滿布，坎坷多舛。即使日常生活，也常常不能盡如人意。

譬如：人需要理解，但是，人與人要眞正達於理解又很難。理解別人難，被別人理解難，有時甚至理解自己都難。所以人類常有因無法溝通而引發的悲劇，人生也常有因無法相互理解而帶來的煩惱與悲哀。

人是不能長久地陷於煩惱與悲哀之中的。因此，許多時候，我們都需要有一點自得其樂，或者，常想著去尋一點自得其樂。

別人理解我，我能得其樂，別人不理解我，我也自得其樂。說到底，煩是煩自己，樂是自己樂，樂本就樂在自得。

仔細想想，人生在世，有許多事確實都由不得我們做主，但煩自己還是樂自己，卻還是可以由我們做主的。譬如生病，本來是一件很討厭的事，可是，如果達觀一些，病也可能病出點味道、病出點樂來。蘇軾就曾說：「因病得閑殊不惡，安心得樂更無方，」能於病中品味閑趣，自得其樂，怕是連藥都不要吃了。《今世說》裡記毛稚黃總是生病，連朋友鄰里都爲他發愁，他自己卻大不以爲然，說是「病的味道極好，實在很難向那些浮躁的人說清楚。」

當然，依常理，自然還是不要生病的好，至少不要生大病，而且，萬一生了病，該吃的藥最好也還是吃。這裡只是說，人總是可以自得其樂的。

人生需要一點自得其樂。

自得其樂不失爲一種應付沉重而充滿艱辛的現實人生的變通方式，不失爲一種調劑人生的潤滑劑，它能使我們於多煩惱、多憂愁的人生中保有一份必不可少的樂觀。我們生活著，生活本身自然是一件很艱難、很嚴肅的事情，但有時卻也不妙暫且把它看成一幕正在上演的趣劇。說得更極端些，有時最不濟也該如阿Q，來上一句「譬如兒子打老子」，然後找地方去睡上一覺——特別是在我們覺得太累了的時候。

自在與超脫

充滿自信而且知天得道的人，則更是無己無名，更能自在輕鬆。

人生需要有一點自得其樂。

自得其樂來自於對人生的自信，來自於人拋開後的超脫與瀟灑。因爲說到底，人的快樂與否，總是由人的精神決定的。

自由的是心靈；心靈自由者必自在；自在者必快樂。

卑微畏縮、缺乏自信的人，找不到快樂，也無法自得其樂。因爲在這種人眼中，太陽永遠是昨天的太陽，生活永遠只是昨天的重複，他很難在自己的生活中找到新的、值得樂的東西。這種人永遠只能蜷縮在自製的蝸牛殼中，自怨自艾、自悲自嘆，永遠只能在自我艾怨的無病呻吟中打發時光。

拋不開功利慾望的人也無法自得其樂。一個守財奴，即仗富有百萬，也難以眞正快樂——帶在身上怕被偷搶，放入牆洞怕被蟲蛀，存入銀行又怕露富。這種人總是把自己拘禁在由功名利祿編織而成的心靈的囚籠之中，他永遠無法獲得種瀟灑超脫，無所掛礙的心靈自由與輕鬆。

相反，充滿自信的人，總能在滿天烏雲的背後看到星光燦爛，充滿自信而且知天得道的人，則更是無己無名，更能自在輕鬆。

這種人超越了生死便不畏懼死，即使臨淵履冰，也照樣能揮灑自如，談笑風生。這種人超越了功名便不求顯揚，即使沒於陋巷，也照樣能自得自甘，心意舒展。這種人超越了利慾便不求富有，即使貧窮困頓，也照樣能安貧樂道，知足常樂。不用說，只有這樣的人，才能眞正擁有自己不失眞趣的人生。

本色

曾子說：「竦起兩肩，做著討好的笑臉，這比夏天在菜地裡勞作還要累。」子路說：「分明不願意同這個人談話，卻勉強自己去與他交談，臉上又表現出慚愧的顏色，這種人正是我所鄙棄的。」由此思之，我們便可以知道君子是如何修養他們的品性節操了。

——《孟子‧滕文公章句下》

古代賢明的君主總是樂於善言善行而能忘記自己的富貴權勢；古代賢能的君子總是樂於走自己的道路而忘記別人的富貴權勢。

——《孟子‧盡心章句上》

世俗要求我作樣，我就怎樣，這是從衆隨俗。只知從衆隨俗者，那是庸人。隨性任意，我自己是這樣就是這樣，這是依本色而行，能居而守其性，動不失其本色者，方可稱之爲君子。

所以，古人崇尙特立獨行，現代人所求灑脫不羈，古人今人追求的都是人的本色、本眞。

人生之累

人生之累，累在心裡，累在精神。

改變了本色，失去了心靈的自由和精神的舒展。

人總是說活得很累。

細究起來，生活中的累，有些只是體力的累。體力上的累，大體上都比較容易忍受。

比如鐵匠師傅搶大鍾，累不累？累。但那是一種體力的累。搶過一天大錘，下晚收起鉗錘，洗個透澡，坐到桌前，斟上二兩白酒，燈下邊品咂，邊欣賞自己一天的勞作成果，會疲累全釋。

再比如讀書人一天到晚坐在桌前爬格子寫文章，累不累？也累。有時坐上一天，會腰都直不起，這還在其次，最累的還是苦心孤詣、搜索枯腸，絞盡腦汁。但這累也會有補償，這補償還不在於「爬」完一篇文章可以換回幾個小錢，而是因爲自己在稿紙上發抒了心之鬱積，澆釋了胸中塊壘而獲得的心靈的舒展，以及由心靈的舒展帶來的精神的輕鬆，這種補償會使人很快忘了那累。

體力的累，對於體格健康的人來說，即使間或有些過頭，也無關大礙。

有一種累則是心理之累。比如一次虛與委蛇的應酬，一次言不由衷的談話，它並不需要人付出多少體力，卻常常讓人感到不堪重負、苦不堪言，非常難受。

孔子的學生曾參說：「竦起兩肩，裝出討好的笑臉，比夏天在菜地裡幹活還要累。」

爲什麼這時會比夏天在菜地裡幹活還累？累就累在勉強了自己，改變了本色。

改變了本色，就失去了心靈的自由和精神的舒展。

本來就言不由衷，還要費盡心力不讓別人知道自己言不由衷，本來在勉強應付，心裡煩得很，卻還要堆出一臉笑容，裝出熱情周到的樣子，這本身就很累；而如果意識到自己是在虛假待人，是改變了自己也愧對了別人，便更會生出對自己的不滿和對別人的愧怍，那也就更會不得開心顏，心理的重負會使自己更加難受。所以，人生之累，累在心理，累在精神。

如何避免這種心理之累？

固守本性，保持本色，以本色處世待人。

除此之外，實在還沒有悟出其他什麼更好的辦法。孟亞聖也沒有別的辦法，而只是說要依自己的德性辦事，持性守道，當做便做，不想做就別做，比如對那些諸侯，你確實不想見，就不要去見。

不失本色

不失本色以本來面目待人，也就是保持住自己獨立的人格，保持住自己眞正的人的本性。不勉強自己，不虛與委蛇，不隨波逐流。我就是我，我沒有必要勉強著改變自己。

不用說，一個人只要踏進社會的門檻，社會就自然賦予了他許多角色：做學生或做教師，做領導或做下屬，做人子或做人婿，做人夫或做人父……一個人自然應該承擔，而且應該勝任自己必須承擔的角色。

要承擔各種角色，就常常需要自己變換自己的角色，或者說，要以不同的角色意識來爲人行事。人生的許多煩惱，常常也就在這不斷的角色變換中生出。

但是，說到底，人的社會角色可以不斷變換，只是人總不會變，或者說不能變。我們承擔的各種角色，其實也就是我們做爲人的一個部分，是我們獨特個性和獨立人格的一種構成。

比如做敎師。敎師是人，是人做敎師，師德也就是人德。人無全知，因此人應時時記住謹愼謙虛，以知者爲知，以不知爲不知。做敎師自然也不可能全知。若以爲我是敎師，我就無所不知，那其實是愚蠢，如果更進一步，本來就不算失去什麼，卻怕失了做敎師的面子，便在學生面前擺起一副師爺的架式，不懂裝懂，鼻孔插蔥裝大象，那就更是忘了人的本性，失了自己人的本色，到頭來旣失了做敎師的面子，也失了自己的人德。

所以，還是以本色處世待人的好。

以本色處世，就不勉強改變自己，不必費心掩飾自己，就不會扭曲自己。這樣，就能少一些精神的束縛，多幾分心靈的舒展，就能少一點不必要的煩惱，多幾分人生的輕鬆。

相反，忘記了自己的本色，硬要改變了自己，戴了面具去應付人生，人生的煩惱就會接踵而至。設法掩飾自己本就要付出許多的心力，而一旦沒有掩飾好，便會更糟，對於處世爲人來說，這實在有些犯不著，與其把心力花在這上面，還不如索性讓人識我眞相，見我眞人，知我眞本色。

事實上，改變自己的本色，以假面待人，想落好未必眞能落好。孔子學生子路說：「分明不願意同這個人交談，卻勉強和他說話，臉上又露出慚愧的神色，這種人我不贊成。」

豈止子路不贊成，大概許多人都不贊成。

豈止不贊成，這種處世待人的方式其實很讓人討厭，正如東施效顰。

隨性任意

相信自己的道德操守，相信自己的人格力量，相信自己出自本性亦出自誠心。能如此，便可待人接物隨性任意。

保持本色，以本色處世，有時也很難。

難，難在我們自己，難在我們行事爲人常少不了一些功利的顧慮。功利顧慮重了，以本色處世就難。比方說，以本色待人，不想見的不見，常會不被人理解，至少也會被人看作孤傲，至少會得罪人。再比如，生活中就是有人不喜歡本色，更不喜歡你以本色待他，他就愛你改變了本性去趨他的炎、附他的勢，拍他的馬屁，你不這樣做，就可能辦不成你要辦的事。

這是一個方面。

換個角度看，以本色處世，也不難。

說不難，這「不難」也在我們自己。

有一次，孟子本來準備去見齊王，恰好這時齊王派人捎話，說是自己感冒了不能吹風，因此請孟子到王宮裡去見他。

孟子覺得這是對他的一種輕慢，於是便對來人說：「不幸得很，我也病了，不能去見他。」

第二天，孟子要到東郭大夫家去吊喪，他的學生公孫丑說：「先生昨天托病不去見齊王，今天卻吊喪，齊王知道了怕是不好吧？」

孟子說：「昨天是昨天，今天是今天，今天病好了，我爲什麼不能辦我想辦的事呢？」

孟子剛走，齊王便打發人來問病。孟子弟弟孟仲子應付說：「昨天王有命令讓他上朝，他有病沒去，今天剛好一點，就上朝去了，但不曉得他到了沒有。」

齊王的人一走，孟仲子便派人在孟子歸家的路上攔截他，讓他不要回家，快去見齊王。

孟子仍然不去，而是到朋友景丑家避了一夜。

景丑問孟子：「齊王要你去見他，你不去見，這是不是對他太不恭敬了呢？這也不合禮法啊。」

孟子說：「哎，你這是什麼話？齊國上下沒有一個拿仁義向王進言，難道他們認爲仁義不好嗎？他們只是認爲夠不上同齊王講仁義，這才是不恭敬哩。我呢，不是堯舜之道不敢向他進言，這難道還不夠恭敬？曾子說過，『晉國和楚國的財富我趕不上，但他有他的財富，我有我的仁，他有他的爵位，我有我的義，我爲什麼要覺得比他低而非要趨奉不可呢？』爵位、年齡、道德是天下公認爲寶貴的三件東西，齊王哪能憑他的爵位輕視我的年齡和道德呢？如果他眞是這樣，便不足以同他有所作爲，我爲什麼一定要委屈自己去見他呢？」

說以本色處事待人不難，就在於要相信自己。相信自己的道德操守，相信自己的人格力量，相信自己出自本性亦出自誠心。能如此，便可待人接物隨性任意。

而且，以本色待人，以誠待人，會被誤解，但不會遭唾指，至少，對於自己，可落得心安。

虛以待人

以本色待人，同時還要能虛以待人。

孟子說，「人之患在好為人師」。

這裡的「患」不做災患解，作「毛病」解，而「好為人師」，也就是喜歡做別人的老師。

孟子這話，頗有些讓人費解。何以人的毛病就在於喜歡做別人的老師？

生活中既有人改變了自己的本色去屈己從人，也有忘了自己的本色而去屈人從己。好為人師者就是後一種人。

喜歡做人的老師，也就喜歡教導別人。

但凡喜歡教導別人的人，大都以爲自己有學問，或者總以爲自己正確，人前人後總是道貌岸然，一派長者風範，以爲自己就是他人之師表，群氓之楷模。

相反，總覺得自己一無所知的人，對自己正確與否沒有把握的人，恐怕只會甘心情願聽人教導，不大有可能以教導別人爲己任的。

好爲人師者的毛病大約就出在這裡。

這種人往往不自知。

正如愛潔成癖的人總以爲別人髒，這樣人即使自己已經滿身泥垢，也會覺得自己比別人乾淨。這也就是人們常說的自以爲是。總以爲自己高明、自己正確，便會忘了自己也可能愚蠢，便會忘了自己也會犯錯出錯。

這種人，即使出了錯，往往也不以爲是錯。譬如人世間古往今來，許多很殘忍的事，其實就是那些自以爲可以治人、可以教導人的人做的，而這些人一般都不認爲自己殘忍，而是以爲自己在「替天行道」，以爲這殘忍只是實現自己「美好」理想的代價。

這種人往往也並不眞知事理。

其實，人事中，有些事可以教人，有些事卻是教不了人的。這其實與眞學問、假學問的關係並不大。有些事教則教矣，最終還得靠被教者自己的體悟。

而且，即使教的是眞學問，所傳的確是眞理。這學問和眞理也有兩面。譬如：教人至誠，教人行仁，如果不看對象，不加區分，一視同誠，一視同仁，便有可能讓人做出蠢事，這對人的教導，就實際上變成了害人。

歸根到底，人世中的善惡邪正，許多時候也就是一種人我的差異。在我爲善者，在人則不一定是善，在我爲正者，在人也許是邪。而且，在此時是善正，在彼時也可能是邪惡。這一切只能由人自己在時勢、人生的演進中自己去體察知會，是無法教人的。

所以，最好還是不要自以爲是地去教導別人。自以爲是地教導別人，既有可能使自己失了人的本色，也可能誤導，別人丟了本色。最重要的還是守住自己的本性，守住自己的根本，守住自己的赤子之心。

走自己的路

面對那些飛短流長，關鍵還在我們自己，

我們不要把它當回事，不要用別人的是非之論來煩擾自己。

客觀地看，要保持本色，以本色處世，終歸免不了被人說是道非。

俗話說，人前說人，人後被人說。何況生活中本就有那麼一種人，慣於探人隱私，尋人瑕疵，傳人是非，道人短長，且長於捕風捉影，添油加醋，唯恐天下不亂。這種人看不得別人心舒氣暢，無是無非也要挑是撥非，何況我們不是聖人，本來也無法不沾是非，更何況我們以本色行事會有人看不順眼而給你添是加非。

不用說，被人在背後說三道四、論長評短，終歸不是一件令人愉快的事。它往往會弄得人六神無主、無所適從，而且往往使你氣憤難平又無處發洩。因爲這背後的流言，往往就如躲在暗處射來的冷箭，你知道有這箭，也知道箭正在向你射來，卻不知道是誰和從哪裡射來，即使想鬥它一鬥，也找不到對手。人舌是刀，流言殺人，而且往往「殺」得不留痕跡，「殺」得讓你有口難辯，有屈難伸。

怎麼辦？

與孟子同時，有一個貉稽的人就遇到過這種境遇。有一次，他與孟子談話，告訴孟子，自己總是被人說得很壞。

孟子回答得很乾脆。孟子說：「無傷也，士憎茲多口。」「無傷」，就是沒有關係。孟子還舉出《詩經》中「不消滅別人的怨恨，也不失去自己名聲」這兩句詩作佐證，進一步說明爲什麼沒有關係。

孟子的意思很淸楚，那就是，面對那些飛短流長，關鍵還在我們自己，關鍵是我們不要把它當回事，不要用別人的是非之論來煩擾自己。愛傳流言，道是非的人，本就是小人。小人終歸是小人，你想讓他不在背後說三道四、七嘴八舌，於他不可能，於你也做不到，小人之口是堵不住的。而且堵了今日有明日，塞了這一個有那一個。

換個角度看，事實上爲人在世，本就難免被人評非指疵，無論你做事不做事，都會有人在你的背後說三道四。既然免不了被人說三道四，還不如不去理會，該做什麼就做什麼，該怎麼做照做不誤。假使爲了那些有影無影，有據無據的風言風語弄得神經衰弱，寢食難安，無所適從，謹小慎微，那你會什麼事都做不了，什麼事都做不成，那你實際上也正中了那些人的下懷，那你實在是犯傻，說到底，你是自找苦吃。

自信

希望尊貴，這是人們共同的心理。但每個人都有自己可尊貴的東西，只是不去思考它罷了。

——《孟子‧告子章句上》

一切我都具備了。反躬自問，自己是忠誠踏實的，便是最大的快樂，不懈地推己及人，達到仁德的道路也就更切近便捷了。

——《孟子‧盡心章句上》

人在悲觀的時候總會哀嘆自己，在意識到自己的欠缺時總希望自己能夠完美。

可是，天能覆蓋萬物無法承接萬物，地承接了萬物卻覆蓋不了萬物。大自然一切有形之物都在向我們昭示，世間不可能存在絕對的完備。

寸有所長，尺有所短，這是天道與人事的必然。

既然是一種必然，又有什麼必要去爲我們欠缺做無奈的哀嘆呢？

寸有所長，尺有所短

寸有所長，尺有所短，每個人都有自己可珍貴的東西，只是由於我們一味羨慕別人而沒有考慮它們罷了。

人常會羨慕別人。

常羨慕別人又好又不好。

說好，是因爲我們羨慕別人的東西，常常正是我們自己缺少的東西。

比如羡慕別人遇事不急不躁、從容和緩，常常就因爲我們自己處事毛躁，不善克制，甚至還有可能因爲莽撞而壞過事。反過來，佩服別人辦事雷厲風行，風風火火，也常常就是因爲自己遇事拖拉，無風無火，以致常誤事。

知羡慕，便會想到自己的不足，便會時時警醒，所以，羡慕別人，有時也會爲自己樹一個處世行事的標尺。

常羡慕別人，也有不好。

說不好，還不簡單是指它會使人暗日滋生出一種不必要的攀比心理，比如羡慕別人的財路暢達，羡慕別人的官運亨通。這種羡慕，會使人變得淺薄。更重要的，一味羡慕別人，還會忘了自己，會失卻對自己的信心，會看不見自己也有值得尊貴、珍視的東西。

說個寓言。

有一隻母蛙帶著自己的蛙兒在池塘邊遊戲，它們看見了一頭在塘邊飲水的牛。

蛙媽媽很羡慕牛身軀的龐大，它也想使自己變得如牛大。於是，它拼命往肚子裡鼓氣，還不住地問兒子：「我有牛大了麼」?小蛙勸媽媽說：「您就別脹了，肚皮要爆了。」——母蛙的肚皮最後眞的就脹破了。

這母蛙也實在蠢得可以。它只知道羨慕牛的龐大，只想到和牛比大，其實，它爲什麼不可以和牛比小呢？

這寓言的道理很明白：人不能自恃才高，傲視衆人，這自然必要，但也萬不可妄自菲薄，總以爲自己不如人，自己看不起自己。寸有所長，尺有所短，每個人都有自己可珍貴的東西，只是由於我們一味羨慕別人而沒有考慮它們罷了。

仔細想想，世間萬物其實都有兩面，即如好，到了極處，也常成不好。過日子注意儉約是好，但過了頭便成吝嗇；待人彬彬有禮常常必要，但過了頭便會帶出幾分疏遠；遇事不急不躁當然也不壞；可是如果現在遇到救人救火的急事，仍然還是那樣慢條斯理，從容和緩，那就實在是可惡了。

如此看來，許多時候，我們實在並沒有什麼可羨慕別人的，關鍵還是在於如何看自己，如何看淸楚自己。

自信方能自強

能自信，才能對自己的生活充滿信心，才能對未來充滿信心。

對自己得有信心。

對自己有信心，就是我們常說的自信。

自信，就是相信自己，相信自己具備人所具有的一切，相信自己在這人生的旅途中總能有可以做成的事情。

人應該有點自信。

古往今來，凡想成大事、能成大事者，都必有大自信，都必有「當今之世，捨我其誰」的豪邁胸懷。

孔子門徒顏淵說：舜是什麼樣的人，我也是什麼樣的人，有作爲的人都會像他那樣。

亞聖孟子說：一切我都具備，反躬向問，自己是忠誠踏實的，便是最大的快樂。

大詩人李白說：天生我材必有用。

數學家阿基米德說：給我一個支點，我能撥動地球。

馬克思說：我最喜歡的人生格言是：人所具有的我都具有。

這都是古往今來能青史留名者的自信。

一個人立身處世需要有自信。

人能自信，才能知其必爲而拼力爲之；

人有自信，才能知其可爲而全力爲之；

人存自信，才能知其難爲而勉力爲之；

能自信，才能有發奮忘食，孜孜以求的內在支撐；能自信，才能有臨淵不驚，臨危不亂的英雄本色；能自信，才能有知難而進的鬥士勇氣；能自信，才能在來到地獄之門的時候朗聲大叫：我不下地獄誰下地獄？

能自信，才能對自己的生活充滿信心，才能對未來充滿信心，能自信才能有未來。

自信方能自強。

天生我材必有用

天生萬物，各有其位，各有其用，一個人能持行不怠，勤勉奮鬥，終其一生自然總能有自己可成就的事業。

其實，即如我們這些普通人，也可以能夠自信，也應該有點自信。常見有人把自己與同行、同類相比，自嘆不如，稱自己才智不及，嘆自己難以成事。

仔細想想，這實在大可不必。

從人的個體差異看，資質有不同，天分有高低，這確實是客觀存在，但天生萬物，這萬物自然也各有其位，各有其用，人事亦大體如此，人有愚拙，事亦分大小。就我們自身來說，一個人能持行不怠，勤勉奮鬥，終其一生，自然總能有自己可能成就的事業。說穿了，別人才高八斗，他能成偉業，自己才智不及，但可以成小事，這成就的小事，在別人看來，也許如芥末之微而不足道，但於我們自己的人生卻不能說不重要，因爲他充實了我們的人生過程，使我們的一生不致於在自怨自嘆中虛度。

天生我材必有用。

天生之材有大小。材有大小，用有大小，而能不能相信自己有用卻不論大小。而且，換個角度看，小材保不齊也就在當著大用，譬如：蓋房架屋，就少不了鉚緊屋樑柱子榫頭的鍥子。這鍥子自然是小，但少了它，屋就架不起來。

由此看來，即使我們是小材，只能當小用，成小事，這小事也不能小看。偌大世界，大物件就是由小物件構成，大事也都由小事做起，沒有小不能成其大，做不成小事也成不了大事。進一步說，這大小也不過是相對而言。砌一塊磚，紮一根鋼筋，與建成一幢大廈是不能相比的。然而，不一塊塊磚地砌，不一根根鋼筋紮起來，則無大廈建成；但沒有工程管理，工程設計，砌磚紮鋼筋則無意義。所以，大有大的意義，小有小的必要。

所以，自信對每一個人，正如常言所說的，只有不被自己打倒，才不會被別人打倒。自己打倒自己，常常就在於自己打掉了自己的自信。

自己打掉自己的自信，實際上就是自己拋棄自己。

孟子說，自己拋棄自己的人，是不可能和他做出有價值的事業來的。

以天下爲己任

人有自信才能思進取，才能長中流擊水的志氣。敢於中流擊水者，才會有豪邁慷慨的人生。要敢為天下先，要敢以天下為己任。

伊尹是商湯時期的一個賢人。起先他居住在莘國郊外的荒野中自耕自食，而以堯、舜之道爲樂，專心於修養身心，如果不合道義，縱使以天下的財富爲他的俸祿，都不能使他動心，不合道義，他一點也不施予人，一點也不取人。湯曾幾次派人帶著禮物去聘請他，他都平靜地拒絕了。

不久，他改變了自己的態度。

他說：我居住在這荒野之中，由此以堯舜之道作爲我個人的快樂。爲什麼我不可以使現在的君子做堯、舜一樣的君主呢？爲什麼我不可以使現在的百姓成爲堯、舜時代一樣的百姓呢？我爲什麼不可以憑我的努力使堯、舜盛世在今天再現呢？

上天生育了人民，就是要使先知先覺者來使後知後覺者有所覺悟，而我，正是百姓中的先知先覺者，我就得用堯舜之道去使現在的百姓有所覺悟。我不去使他們覺悟，還有誰能擔此重任呢？

在這時的伊尹看來，這普天之大的百姓中如果有一個人沒有沾上堯、舜之道的潤澤，便有如是自己把他們推入深淵一樣。

於是，他要把匡救天下的重擔挑在肩上。他主動來到湯的宮中，輔佐湯討伐夏、桀、拯救百姓，成就了自己的功業。

我是天下百姓中的先知先覺者，我有責任以自己的努力去匡正天下——當今之世，捨我其誰！這就是以天下爲己任。

古往今來，一代代仁人志士，他們立身處世，行爲方式可能各不同，但他們以天下爲己任的抱負卻是大體相似的。不以物喜，不以己悲，居廟堂之高，則憂其民，處江湖之遠，濟世安邦之志亦長留於心。因正爲如此，歷史才得以記下了一頁頁的壯烈絢麗的人生。

時勢與命運

無一不是命運，但順理而行。所接受的就是正命；所以懂得命運的人不站在有傾倒危險牆壁之下。盡力行道而死的人，所接受的就是正命，犯罪而死的人，所接受的就不是正命。

——《孟子．盡心章句上》

順從天則生存，違逆天便滅亡。

——《孟子．離婁章句上》

人生在世，自然有一些我們必須去做的事。

這些我們必須做的事，常常也是我們一心想要做成的事。於是，我們苦心孤詣，我們盡我們最大的努力。

但是，常常事與願違。有時，就好像冥冥中有一種命定的安排，使我們總不能如意。於是，我們開始相信，世間的一切，除了我們的人力之外，還有天意，還有命運。

什麼是命運？

人生一世，草生一春

人非草木，一個人立身處世，有許多事是必須做的，知其必為而為之，也就知道了自己做為人的各種角色。

人常說：人活一世，草木一春。

這話有理。就自然規律來看，有生必有死，就如草木有綠意扶甦，亦有凋萎枯黃；從無始無終流逝如長江之水的時間看，一個人即使活一百歲，也不過就那麼一會兒，實在與草木的一春無大區別。

可是，人非草木。

在我看來，人非草木，還不在於說人有情，或者不僅僅在於說人有情。歸根到底，還是說人這一生，總不能如草木一樣自生自滅，隨自然處置。人非草木，人是人，因此人這一生總要做點什麼。

人活一世總要做點什麼，是說這世上有許多事是我們必須做的。而且有時，我們還很難在我想做和我必須做之間劃上一條絕然的分界。比如我們每天要吃飯，要睡覺，要洗臉刷牙，這些事表面看來是我要做，是全在我自己做主的事，其實呢，我們並不能全權做主。如果有個人說，吃飯是我自己的事，我想吃我就可以無休止地吃下去，我不想吃便可以幾天不吃，那他不是撐死，就會餓死，大約是不會再有第三個結果的。除非不爲人，否則他便必須在該吃的時候吃，在該睡的時候睡，並不能我想要怎樣做就怎樣做，在這裡做主的是飢餓張弛的自然法則。

這是小而言之。大而言之，一個人立身處世，也有許多事是必須做的，你可以選擇如何做，但你無法逃避了不做，譬如國難當頭，你必須推案奮起，哪怕慷慨赴死，也得在所不辭，你不能逃避，也逃避不了——只要你還想活著，或者說還想活得像個人樣。

這就是一種「天命」，用我們常人的說法，也就是「命定」、「定數」。知其必爲而爲之。所以孔孟人在太平之世衰微之際，駕老牛破車奔走遊說於諸侯之間，急急如喪家之犬，屢遭困厄也無悔無怨；所以孟亞聖在回答公都子「爲什麼您喜歡與人辯論」的提問時，要說「我是不得不辯。」

歸根到底，知其必爲而爲之，也就知道了自己做爲人的各種角色，比如做領導或做下屬、做人父或做人師等等所應該做、必須做的事情。這樣，我們就會少猶豫，更快捷；我們就會難易不計，百折不回；我們就會毀不氣餒，成不驕狂——因爲，我們所做的一切，都「命定」我們必須做的。

從時順勢

世間萬事，都是隨時而得，依勢而化。
合於時勢便精氣貫注，生機勃發。

我們大多數人多多少少都相信一點命運。

命運是什麼？

說穿了，命運也就是一個人的機遇，是個體與時勢的遇合。

人常說，時勢造英雄，就包含了這個道理。它告訴我們，英雄之所以成為英雄，是因為時勢決定了他成為英雄，這就好像如果人間從來就沒有戰爭和廝殺，就不會需要軍隊，因而也就不會有戰士，更不會有將軍一樣。

由此看來，人對於自身命運的掌握，實際上也就是人對於時勢的把握。立身行世，應該知道從時順勢，應該能夠從時順勢。

世間萬事，都是隨時而得，依勢而化。合於時勢便精氣貫注，生機勃發。這正如只有在陽春三月，得春風撫拂，春雨潤溉，才會有萬物萌發、鶯飛草長，綠意扶甦一樣。

時勢的運行不以人的意志爲轉移，人只能順應它，而不可違逆它，逆勢背時，便會萎頓凋敝，生趣全失，所以，古語說：時得而可治，時失則生亂，順天者昌，逆天者亡。俗語也說：縱有聰明，還得趁形勢，縱有鋤頭，還得待農時。

立身處世，知從時順勢，便知進退，能屈伸。得其時勢，便趁勢而進，時勢不濟，便退待其時，能進能退，能屈能伸，便可安身立命。

春秋戰國時期，齊國也算是一個大國了。但當時吳王闔閭滅徐破楚，勢頭強盛。闔閭派使者到齊國，要娶齊景公之女爲妻。

齊景公無奈，只好答應，哭著將女兒送到吳國去。他手下的一個臣子高夢子勸他說：「我們齊國背靠大海，又有山川之險，縱然不能全收天下，誰又能把我們怎樣呢？您既然捨不得自己的女兒，那就別嫁了吧。」

齊景公說：「我是不能違逆天意啊。我有如此強大的國家，卻不能號令諸侯，如果現在不聽從吳王的要求，那必然會生出禍患，那只能走上絕路啊。我聽說過，既然不能號令別人，那就不如聽從了吧。」

不能施以號令，那是因為未得其時勢；既然未得其時勢，也就只好退而聽令，這正是一種聰明的選擇。

順理而行是正道

所謂順理，也就是順應時勢發展的必然趨勢依循事物發展的必然規律。

從時順勢，說到底也就是順理。

所謂順理，也就是順應時勢發展的必然趨勢，依循事物發展的必然規律。能夠順理，才能行於正道，才能有所作為，才會有可能成為英雄。否則，不僅難成正果，譬如螳臂擋車，怕是性命都難保的。

所以，孟子說，一切都是命運，但要順理而行，所得到的才是正命。

應該說，命運本身實際上包含了客觀條件和主動選擇的兩個方面。比如我們說時勢造英雄，但是，如果時勢需要英雄，英雄卻不主動利用時勢，或者他並無成為英雄的德能，那時勢也無從去造就英雄。這也就正如徵兵的機會來了，你卻設法逃避，或者你本來就七痨八傷，手無縛雞之力，因而你也就當不了戰士，更成不了將軍，自然也成不了英雄。這樣，再好的時勢也是枉然。所以，順理，或者從時順勢，也並不是被動地隨順依循。趨勢和規律不是我們人力所能改變，但如何去順應它卻可以由我們自己選擇。這裡本身就包含著一種主動。

懂得命運的人是那些懂得隨時抓住機會，順時而動的人。對於這種人來說，命運才眞正成為他自己的命運，或者說，成了他能玩於股掌，自如撥弄的命運。

相反，對於那些完全屈從於命運的人來說，命運其實並不是他自己的命運，而只是一個他自己「安裝」的控制自己的外物。從這裡看來，如果有誰站在一面快要傾倒坍塌的危牆邊上，只知道口中念念有詞地責怨命運，而不明白自己可以快走幾步離開那危牆，這種人被砸死那是活該；如果一個人明知前有深淵還一定要閉著眼睛往下跳，以為這跳是命運的安排，這種人跌成一張肉餅那是自找。

所以，孟子又說：懂得命運的人不站在有傾倒危險的牆壁之下。

順理而行是正道。

立身篇

人生的依憑

我們厭惡使用小聰明，因為小聰明容易陷於穿鑿附會。

——《孟子・離婁章句下》

只有點小聰明而不知道君子之大道，那就只足以傷害自身。

——《孟子・盡心章句下》

反躬自問，正義不在我，對方縱是卑微之人，我也不去威嚇他；反躬自問，正義確在我，對方縱有千軍萬馬，我也勇往直前。

——《孟子・公孫丑章句上》

人生需有依憑

人要保持自己的仁愛誠信需要有所依憑。這依憑是什麼？是智，是勇，還必須是大智、大勇。

不記得是哪位作家說過：比大地更闊大的是大海，比大海更闊大的是天空，比天空更闊大的是人的心靈。

人心比天空還闊大，是說人心能吐納萬物，是說人能容天下難容之事，這是從積極方面想。從消極方面想，人心比天空還闊大，也就比天空還高遠，比天空還高遠，就難以測度。

人心難測。說起來，也正是這人心的難測使人事變得複雜，也使人生變得嚴酷而難以應對。一個簡單的事實就是，僅有一種熱烈的天性，僅靠一顆仁愛之心，僅憑可以誠信對人，有時實在難以應付我們身處其中的複雜環境。

比如說你以仁愛之心待人，慷慨大度，寬容忍讓，有時卻不一定也能換回一顆仁愛之心對你，被愛還是小事，有時甚至會被欺騙，或因爲自己的寬容慷慨而幫了惡人的忙，自己只落得滿腹悲苦和哀傷。淸人張岱就是這樣，爲朋友花光了家產，結果卻吃了自己最親近的朋友的虧，這虧最後也只能化成十多首辛酸悲苦的憶舊詩，他也只能在詩中自己品嚼自己吃的虧。漢語裡有「以怨報德」這個成語，口語中常說「好心沒落好報」，意思差不多，都是指這種情況。

再比如你以誠待人，人卻不一定以誠信待你，不提防遇到別有用心、居心叵測的人，正好可以利用你的誠信得到攻擊你的材料，關鍵時刻給你的背上來那麼一下，有時甚至能致你於死地，你的誠信正好成了殘害你的刀子，五七年反右，十年動亂，許多人就是吃了這樣的虧，年紀稍大些的人都還記得。

糟糕的是，人總能記打，總會記痛。經歷的挫折多了，就想著學聰明，也能學聰明。只是有時人是變聰明了，人的本性卻也慢慢喪失了。比如以德待人反得怨報，便慢慢地學會硬起心腸；以誠待人反遭欺騙，便漸漸地學會虛與委蛇；如此下去，漸漸地我們意志堅強了，卻也開始變得無情了，慢慢地我們掌握了應付人的圓熟技巧，卻不知不覺會常以假面待人。總之，我們會失了本眞，會失了赤子之心，於人來說這又是很可怕的。

說到底，人僅有仁心誠信還不行。以仁心誠信待人需有所依憑，人要保持自己的仁愛誠信也需有所依憑。

這依憑是什麼？

是智，是勇。

而且，還必須是大智、大勇。

大智

大智，也就是得自對於世事的深知，得自對於人生的了悟。

盆成括做了官，孟子斷言他的死期到了。盆成括果然被殺了。孟子的學生問孟子如何知道盆成括必死無疑，孟子說：盆成括這個人有點小聰明，但卻並不懂得君子的大道。這樣，小聰明也就只足以傷害他自身了。

小聰明不能稱爲智，充其量只是知道一些小道末技。小道末技可讓人逞一時之能，但最終會禍及自身。《紅樓夢》說鳳姐「機關算盡太聰明，反誤了卿卿性命」，聰明反被聰明誤，就是這個意思。

只有大智才可使人伸展自如，只有大智才是人生的依憑。

大智，說白了，也就是得自對於世事的深知，得自對於人生的了悟。明道，也就是明白世事人生的道理，明白天道人世運行的法律和規則，明白世事的複雜與對這複雜的應對，明白人生的必爲、能爲與不可爲、不必爲。

說到底，大智也就是參透人生之後的大徹大悟。

因此，智者藐視小聰明，不要小聰明，智慧在他不是人生的裝飾；也不是憑此向人生索取的機巧，而是保守自己人的天性的必要。他求實而不爭名，勇猛但不魯莽；一是一，二是二，該一則一，當二則二；不逞勇，不鬥狠；不苛求自己，不勉強別人，明道而行止有度，知理而動靜相宜，依理循勢則動如脫兔，違時背理，則靜如處子。

因此，智者不失赤子之心。他知道只有保持自的自然天性，才能順勢而動而無禍無虞，隨時而化而無傷無害，他既不勾心鬥角，也不費心算計，只從大道著眼，決不事事上心，胸懷坦蕩，本色眞實。無私無慾，無利無名，名利本是身外物；不驕不躁，不憂不煩，成敗得失本都是人生中必然要遇到的事。

因此，智者敢於直面人生。在他看來，人生的虛僞與眞誠，醜陋與美麗，仁愛與仇恨，誤解與相知……這一切，都是人世的自然與正常，而且，正如沒有黑就沒有白，沒有暗就沒有明，沒有虛僞便顯不出眞誠，沒有醜陋就顯不出美麗，沒有恨就沒有愛，沒有誤解就沒有相知。所以，他看到人間的醜陋和虛僞卻並不由此而失望，他知道人的渺小並不由此而沮喪——

因此，眞正的智者能於多難的人生品嚐到無窮的歡樂，能從複雜的世事見出繽紛的美好，他能在自己的心田永遠保有一片愛的綠洲。

大勇

大勇，正是來自於對是非曲直的明確判斷，來自於手握眞理，行之正義的無所畏懼。

人有智，還需有勇，智勇兼備，才能無所畏懼。

智有大小，勇亦有大小。

人常說，勇在敢爲，勇在無畏，其實，並不是所有的敢爲與無畏都是眞勇，都是可作爲人生依憑的大勇。

齊國有一個叫北宮黝的人就敢爲。肌膚被刺，可以毫不顫動，眼睛被戳，都不眨一眨；即使受了一點點侮辱，不管對方是國君還是普通人，他都敢於回擊。他把刺殺大國的君主看成是與鞭打卑賤的人一樣容易的事。

這種敢爲之勇，就稱不上大勇，而只是一種庸人之勇。這種勇，只要豁出去了，情急之中，傻子也能做到。常言說兔子急了能咬人，但兔子終歸是兔子，如果不被逼急，這敢咬人的兔子見了老虎，大概還是要快快縮回它的洞穴裡去的。

再如孟施舍的無畏。他說：「我對待不能戰勝的敵人，就跟對足以戰勝的敵人一樣。不管面對哪一種，我都勇往直前。假如先估量敵人的力量才前進，先顧慮勝敗再交鋒，那麼，遇上數量衆多的敵人就會害怕。所以，我不一定能打勝仗，只是無所畏懼罷了。」

孟施舍的勇比北宮黝勇要強些，但也只能被看作一種匹夫之勇。匹夫之勇能保持一股無所畏懼的盛氣，但卻常因了這盛氣變得莽撞而不明事理，勇則勇矣，但卻無補於事，有時不會因之而壞了事情，殘了自身。

眞正的大勇不同於這兩種勇。

曾子說，反躬自問，正義不在我，對方縱然是卑賤弱小、地位低下的人，我也決不欺凌恐嚇他；反躬自問，正義的確在我，對方縱有千軍萬馬，我也勇往直前。

孟子就很推崇這種勇。

曾子之勇才是眞勇，才是大勇。因爲眞正可以成爲我們人生依憑的大勇，正是來自於對是非曲直的明確判斷，來自於手握眞理，行之正義的無所畏懼。說到底，眞正的勇，是我們參透人生，了悟正道之後的產物，是大智的自然延伸。

由此看來，大智和大勇其實是可以合一的東西，智生勇，勇得之於智，在心爲智，智發於行則成勇。生活中我們常將大勇與大智連用，大約就是這個道理吧？

圓通

人的思想意志是他的意氣感情的主帥，意氣感情則是充滿他體內的力量。思想意志是人的至要之本。所以，人要堅定自己的思想意志，也不要濫用自己的意氣感情。

可以取，可以不取，取而損害廉潔，則不取。可以給，可以不給，給而損害恩惠，則不給。可以死，可以不死，死而損害勇敢，則不死。

——《孟子·公孫丑章句上》

——《孟子·離婁章句上》

理智與感情

人的理智和感情，盡可能使兩者統一起來，要能動情，也知道用理智控制自己的感情。

人的理智和感情，實在是兩種很怪的東西。說它們怪，是因爲它們於人來說都不可或缺，而它們之間又常常打架。

人不能沒有理智。沒有理智，就會如無頭蒼蠅，亂衝亂撞，任意妄爲，如此行事，其結果往往是既害別人，也害了自己；人也不能沒有感情，否則行事待人，就會缺少熱情，缺少動力，就會失去生命的活力，就會成爲有正常體溫的冷血動物。

人的理智和感情，從常理論，本應該是統一的，但事實上卻又常常打架。比如有時我們的理智認可的東西，我們的感情卻非常厭惡，而有時我們的感情極傾向趨近的東西，我們的理智卻並不認可，這就是我們常說的合理未必合情，合情未必合理，生活中實在並不都是既合情又合理的事情。

不過，就個人立身行事而言，保持清醒正常的理智還是更重要一些。保持理智，並不是不動情，更不是說不要自己的意氣感情，而是說要用理智去統帥自己的感情，或者說盡可能使兩者統一起來。用孟子的話說，這是要堅定自己的思想意志，也不要濫用自己的思想感情。

打個比方，人會發怒，發怒就是一種動情。正常人在見到不合理、不公平而漠然置之，就是無是非之心，按孟子的說法，沒有是非之心，是不能算作人的。但能動怒還要能制怒。因爲只有制怒才能冷靜地思考問題，才能去尋找鏟除這不公平，不合理的途徑。

要能動怒，也要能制怒，換句話說，要能動情，也知道用理智控制自己的感情，只有這樣的人，才可以被認作意志堅強，力量強大的人，也只有這樣的人，才是眞正可能成就一番事業的人。

制怒

要能怒，一定也要能制怒。心理學家說，當你覺得自己快要怒不可遏時，不要說話，先靜坐五分鐘，這樣能使自己不致於因盛怒而喪失理智。

人常會發怒。

不過，日常生活中能不怒最好還是不怒。

能不怒最好不怒，自然不是說人不能怒。喜、怒、哀、樂，本是人之性情，能哭能笑才是眞的人，能喜能怒方爲丈夫，國難當頭，必當「怒髮衝冠，憑欄處，瀟瀟雨歇。」所以，該怒還得怒。但這只是說，要能怒，也要能制怒，特別不要以一時一事得失發怒，不以得失遷怒於人。

怒傷身體。中醫說，怒傷肝，憂傷脾，盛怒之下，造成陰虛火旺，引起機理失調，那是很難受的。

怒也無濟於事。

讓人發怒的情況有多種，但大體上不外乎是因爲別人做錯了某事，或別人做了某件對不起自己的事。爲別人做錯了事發怒，並不能把那做錯了的事改過來，因爲發怒並不產生實際的價值，要補救錯誤，還得靠冷靜的分析和堅實的行動。爲別人做了對不起自己的事發怒便更不值得。如果那人是無意，我們的發怒就可能傷害了本不該傷害的人，如果那人是故意，我們的發怒也許就正中了他的用心，他也許就是要讓你發怒，就在等著你發怒，讓你在失去理智的情況下失手出錯，他也更好渾水摸魚。

有句很富哲理的話：向對手發怒，是在幫他人徹底打敗自己。發怒不僅無補於事，盛怒之下更有可能把事情辦糟。

盛怒之下，人會喪失理智，喪失理智，往往會出言不遜，說出一些不該說的話，最終會傷了人心。人心傷了，是很難修復的。

喪失理智，更有可能做出一些沒有理智的事。前兩年報載有一位母親盛怒之下失手打死了兒子，不久前又聽說有一位父親吊死了自己的兒子，想來這位母親和父親平時一定也愛子甚於愛自己的，決不會有意致自己的孩子於死地，可是盛怒之下，卻親手殺死了自己的骨肉，旁人扼腕，他們自己也痛不欲生。事情到了這種地步，對他們來說，甚實負不負法律責任都在其次了。這就是盛怒的惡果。

所以，要能怒，一定也要能制怒。心理學家說，當你覺得自己快要怒不可遏時，不要說話，先靜坐五分鐘，這樣能使自己不致於因盛怒而喪失理智，我們都不妨試試。

圓通

人需要有稍微圓通些的待人處世的技巧。這技巧，應該說能夠依據具體情況和對象，採取靈活些的應對方式。

不要意氣用事，不可失了理智，從人立身處世的角度看，就是要求我們不可不計後果，任意妄為，失了做人的分寸。說到底，這也是人學會自我保護的一種必要。

人需要學會保護自己，特別是好人，更應該想到要保護自己，要知道如何保護自己。

人要保護自己，除了需要有大智大勇外，還需要有點稍微圓通些的待人處世的技巧。這技巧，說起來也是一種人生的智慧，也是智的一部分。說穿了，就是要求我們遇事三思而後行，要善通變，用普通老百姓的大白話說，就是要能隨機應變，別鑽死胡同。

隨機應變，自然不是讓人圓滑世故，而是說應該能夠依據具體情況和對象，採取靈活些的應對方式，而不能只顧其一，不顧其二，不能只抓住一點而不及其餘。

事物都不是一成不變的。

比如，對人要講誠信，這自然是不錯的，但如何講誠信和對誰講誠信，有時卻又是一個很技巧的問題。生活中要講誠信，但並不是什麼時候都能講誠信。例如對一位患嚴重心臟病的老太太報告她獨生兒子的死訊，就最好不要太誠信，否則就是在送她追著兒子往黃泉路上去。

不用說，誠信也只能是對能講誠信、願講誠信的人，如果那人本來就是個騙子，你和他講誠信也沒什麼實際意義。而對敵人講誠信，你就最是先給自己選好墓地了。所以，有時我們實在也不妨來點見人說人話，見鬼說鬼話，因爲對鬼，本來就不是可以當眞的。

再比如要以仁愛之心待人，這自然也是應該的，因爲無愛不成人世界。但胸中僅僅揣有一顆仁愛之心，以爲這仁愛可以不分對象，沒有差別，那就是有點犯迷糊。愛親人，親朋友，近同志，友君子，疼幼小，憐老弱，這是仁愛，但誰都知道，對小人，對窮凶極惡的害人者，就不該講仁愛，不可以去仁愛。憐惜惡人，寬容惡人，往往輕則禍及自身，重則殃及許多好人。所以，對惡人不僅不能講仁愛，而且最好是以牙還牙，以眼還眼，一報還一報。

所以，孟子也說：有德行的人，也不必句句話都講誠信，行動也不一定貫徹始終，只要是與義同在，依義而行就行了。

而且，孟子還認爲仁愛也是有差別的，一個人不可能同樣地仁愛所有的人，他愛自己的父母親人一定比愛其他人更深，這是常情。

制慾

口舌總喜歡品嚐美味，眼睛總願意面對秀色，耳朵偏愛好聽的聲音，嗅覺追逐芬芳的氣味，手足四肢總喜歡舒適安逸。這些愛好，都是人的天性，但是能否得到，卻屬於命運。所以君子不把它們看成是天性的必然，因而也決不去強求。而仁在父子之間，義在君臣之間，禮在賓主之間，智慧之於賢者，聖人之於天道，雖然能否實現也在於命運，但這些卻是天性的必然。所以，君子總是努力順從天性的必然，求其實現。

——《孟子·盡心章句下》

我們每個人都有自己的追求。有人追求眞理、道義、善德、智慧；有人追求財利、富貴、功名、權勢。追求不同，便會演出各自不同的人生。一個人追求什麼，常常也就是他人生的最好的注釋與證明。

因此，一個人將如何成就自己的人生，對自己的所慾所求就不能不愼察。

慾乃致禍之根

人不能放縱自己的慾望，不能貪得無厭，無以厭足的慾望，常常就是使人致禍的根源。

要制慾，要能制慾。說制慾，不說戒慾，是因爲人的慾望大體上都由人的需求而來，人有慾望，是因爲人有需求。

比方說人需要吃飯，便思謀著弄到食物；人需要愉悅身心，便希求五彩的秀色和美妙的音樂；人需要消除勞頓，便總想著如何使自己安逸舒適。這些慾求，實在都出自人的天性的需要。所以，連孟子也說：食色，天性也。

而且，從某種意義上說，也正是這些，根於人的天性需求的各種慾望，推動人類用自己的創造打扮了自己的生活和這個世界，使人的世界一天天變得美好。譬如由我們的食慾，就創生出了燦爛的中華食文化，這大概也是不必否認的。

人的慾望既是出自人的天性，就不能不有，不可能不有，要戒絕大概是很難的。但要能制慾。人不能放縱自己的慾望，不能貪得無厭，慾壑難塡。

人對於外物的追求應該是與人的需要相統一的，而人也本該是自己需要的主人，是自己慾求之物的主人。但假如生出難塡的慾壑，放縱自己的慾望而迷失了心智，便會忘了人本身，慾求會與人的需要相脫離，反過來控制人，使人成爲自己慾望的奴隸，成爲他所慾求之物的奴隸，到頭來，人將不成其爲人，那所求之物最終也會變成不是它該是的東西。

由此看去，無以厭足的慾望，常常就是使人致禍的根源。比如一心鑽進錢眼裡，就會忘記自己應該是金錢的主人這一根本而做出非人的事來。坑蒙拐騙，巧取豪奪，這是害人；一朝事發，身陷囹圄，這是害己；即使一朝得逞，可以大肆揮霍，但沈溺酒色，淘空了身子，最後還是自己葬送自己，到頭來，那金幣的叮噹，實際上成了貪財者的喪鐘。

說到底，功名利祿，權勢富貴，其實都是人造的幻影。幻影無論多麼美麗，總有消失的時候，換句話說，這些東西，人能得到，也就會失去，我們唯一能保有的，只是我們眞實的人生。

所以，人有慾，但不能被慾所左右，有慾，但要能制慾。只有這樣，我們才有眞正的身心解放，只有這樣，我們才不會失去我們人的本眞。

不以利爲先

立身處世，一事當前，應以義理為先，而不可以利當先。

孟子與梁惠王有一番對答，說的就是這個道理。

孟子初到魏國，謁見梁惠王。梁惠王一見到孟子就說：「先生不辭勞苦，千里而來，一定能給我的國家帶來很大的利益吧？」

孟子回答說：「您何必一開口就一定要談到利呢？其實，只要講仁義就行了。如果爲王者一開口就說：『怎樣才對我的國家有利呢』？那麼大夫也會說：『怎樣才對我的封地有利呢』？一般的士子和老百姓也都會說，『怎樣才可以對我本人有利呢』？這樣一來，上上下下必然互相追逐私利，國家也就危險了。在擁有一萬輛戰車的國家裡，殺掉國君的，必然是擁有一千輛戰車的大丈夫；在擁有一千輛戰車的國家裡，殺死國君的，必然是擁有一百輛戰車的大夫，這都是因爲輕公義，重私利的緣故。」

人的私利永遠不會滿足，也無法使它滿足。在擁有一萬輛戰車的國家裡擁有一千輛戰車，在擁有一千輛戰車的國家裡擁有一百輛戰車，這些大夫的財產應該是夠多了，但由於重私利，他們仍想謀篡國家。

從來沒有重仁的人會遺棄他們的父母，也沒有講義的人會謀篡國家。所以，孟子告訴梁惠王，只要講仁義就行了，爲什麼一定要講利呢？

不以利爲先，這很値得記取。

我們都知道人與動物不同。如果細究起來，這不同有些是好，有些卻很難簡單地肯定也一定是好。譬如老虎爲了生存，出自本能捕食一切可捕之物，因此餓了就抓，飽了就悠哉遊哉，一切以需要爲度它不會想到去積攢屬於它一己的私產，也不大會去挑肥揀瘦。

人卻不同。

許多時候，人並不只是以滿足生存需要爲度，而且，更容易壞事的是，人若事事以利爲先，還會自然生出無法滿足的貪慾，有肉吃想魚，有魚有肉又想熊掌。慾無厭足，求利之心便無止境；求利之心無止境，便會重利輕義，求利忘義，便會忘義，便會沒有他不能做，沒有他不可以做的事，輕則害人害己，重則禍國殃民，最終結果，脫不出人將不人，甚至比禽獸還等而下之。

仔細想想，人間許許多多人做的壞事，實在都起於這無以厭足的私利之心。

不可求利忘害

謀利而不失其本，求利而不忘為公，不可求利忘義，害人利己，損公肥私。

話說回來，事物都有兩面，常常不可以一概而論。

即如利或說求利，也不可一概而論，比如利本身就有公利、私利之分，也有近利、遠利之分。民族之利、國家之利、集體之利、大衆之利就不可不講、不可不求，即使是個人之利，有時當講也得講，當求也得求。例如現今國家發展商品經濟，你要下海弄潮，就得求利，如果得失不論，利損不計，跳下「海」去就會遭滅頂之災。

如此說來，利終歸是可以講，需要求的，關鍵還在於如何講、怎樣求，關鍵還在於講利不要重利，求利而不以利當先，特別是不可以私利當先。謀利而不失其本，求利而不忘爲公。即或不能公而忘私，大約也不該私而忘公，更不可求利忘義，害人利己，損公肥私。

事物有兩面，不可一概而論，同樣的，正因爲事物都有兩面，因此也常常相反相成。

如果注意觀察，我們常常可以發現，有時輕利，往往還能得利，而且得大利，而全以求利爲目的，往往會失利，有時還賠了老本。

比如做國君的不講利而講仁義，仁待百姓，使百姓安居樂業，天下靖泰，這就是最大的利。

再比如眼下時興的有獎銷售，表面看來，廠家讓了利，商店讓了利，甚至還出了利，比如一獎幾十萬，甚至上百萬，這錢還是得掏的。但這種讓利刺激了消費者的購物興趣，促進了產品銷售，同時也帶了滾滾財源，其實也是得了大利。

這後一個例子有點不倫不類，但確實也能說明一些問題。人常說，吃小虧，占大便宜，或者放長線釣大魚，這話很有些利己與狡猾，但你也不能不承認它確實也道出了一部分人事的機巧與辯證，事實上，處處求利，事事想得利，一點虧都不想吃，稍長點線都不願放的人，往往撿了芝麻丟了西瓜，得了蠅頭之利而失之大利。此中道理，大約是不可不察的。

錢財身外物

只有用於正道，錢財才能助人成就好事，才能給人帶來真快樂，那也就是人自由馭使外物的快樂。

錢財是身外物。

這話可以這樣理解。

從錢與人的關係看，錢確是身外之物，錢是人造的，錢是人賺的，錢是人用的，生不帶來，死不帶去。而且，就人和人生來說，還有許多比錢重要得多的東西，比如才智德能，便是身內必須的東西，也是重要得多的東西。沒有這些，光有錢，無異於行屍走肉，即如人的四肢五臟也比錢重要，大約沒有人會願意讓人出錢砍去他的一隻手或一條腿的。

錢是身外物，但沒有這身外物有時確實也寸步難行，比如你要坐車，就得買票，要買票，就得掏錢。有時遇到很「原則」的人，即使差一分錢你也別想坐車。這就說明人又確實需有外物、需藉助外物才能生存。外物並不是我們可以隨意地要和不要的，我們和外物常常只能合作，而不能對立。譬如對人來說，衣服是外物，這外物我們就不能隨意拋棄不要，你輕視了衣服，拋棄了衣服，你就得等著在秋風冬雪來臨之際挨凍，這裡還不談遮羞不遮羞的問題。

如此看來，錢還是應該要，必須要的。齊宣王告訴孟子，說自己爲王而不能行仁政，一個重要的原因，就在於自己愛錢財。孟子舉例說：「古時候周代的始祖公劉也愛錢財，《詩經》裡就說他『糧食眞多，外有囤，內滿倉；還要包裹乾糧裝滿橐，裝滿橐。人民安集，國威發揚。箭上弦，弓開張，其他武器都上場，浩浩蕩蕩向前行』。因此，留在家裡的人有積穀，行軍打仗的人有乾糧。王如果喜愛錢財而能跟百姓一道，要行仁政統一天下也沒什麼困難。」可見孟子這位亞聖也並不一概反對錢財，這裡的關鍵還在於是什麼樣的錢財和如何使用這錢財。

錢財身外物。首先在於我們確實把它當成身外物。錢要被人用，除了被人使用外，它什麼都不是。不被人用，一砣金子不如一抔黃土，一張百元大鈔不如一張手紙，設若做守財奴，一個小錢也看得如生命，那就是人被錢控制，人也就成了不是人的什麼東西，這樣的人會趨利忘義，會因一得一失損了容顏，丟了性命，這樣的人也永遠品嚐不到人馭使外物的樂趣。

錢財身外物，還在於錢財要得自正道，用於正道。得自正道的錢財，才能眞正被人心安理得地看作身外物，得失都不在話下，得之不喜，出一分力，拿一分錢，得是我該得。失之無憂，失的本是身外物，今日去了明日來。多少不論，只要肯花力氣，總有得賺的時候。而只有用於正道，錢財才能助人成就好事，才能給人帶來眞快樂，那也就是人自由馭使外物的快樂。

不為虛名所累

有源的泉水總是汩汩湧淌，晝夜不息，注滿所有低窪之處，然後繼續奔流，匯入大海。假若無源，比如七八月間雨水頻繁，大小溝渠也可以被灌滿，但很快也就乾涸了。所以名譽超過了實際，君子引以為羞恥。

——《孟子·離婁章句下》

有意料不到的讚揚，也有過於苛求的詆毀。（作人應當了解這一點）

——《孟子·離婁章句上》

名實

名實之間，實總是首要的。要能循名責實，以實求名，名實相符。

古往今來，許多隱士高人，可以棄位去官，淸心寡慾，卻做不到徹底棄絕聲名的追求。許多隱士高人退隱田裡，也並沒有把自己的聲名全然隱掉，或者這本身又是以退爲進地求名。這一人生現象，就是名與利的矛盾，也是名與實的矛盾。

話說回來，聲名自然還是要的。人有臉，樹有皮，人的好名聲也就是人的臉，不要臉的人，沒臉的人，自然會見棄於世。而且，物盡可以再來，名喪則不可復得。西施本是絕代佳人，若身染不潔，路人見之也照樣捂鼻嘴繞開，所以，人不僅要求名，而且還該潔身保名。

這裡的關鍵，是要能循名責實，以實求名，名實相符。

名實，說白了，也就是聲名與事實。世間萬物，都是有名有實，或者說，都應該有名有實。譬如一個人的聲譽與他實際的德能，譬如一個柑桔光滑亮澤的皮和它的鮮甜多汁的瓤，譬如一顆珍珠華貴典雅的外包裝與它本身溫潤光澤的質地。

而且，名實之間，實總是首要的。古人說，名者，實之賓也。換句話說，聲名本身只是事物實體存在的附屬物。人人都知道，只有柑桔內瓤的鮮美和珍珠本身的質地才是最重要的，如果柑桔空有光滑亮澤的皮，就好像成語說的「金玉其外，敗絮其內」，最終爲君子所不齒，同樣的，聰明人自然也不會迷惑於珍珠的外包裝而忘了珍珠本身，做出買櫝還珠的蠢事。

人生在世自然也應該知名實，應該懂得名實之間的關係。一個人立身處世，聲名不能不要，但人的聲名也不過是一個人實體存在的附屬物，有實才能有名，由實得名，那名才是該得之名，實是根本。假如有名無實，或者盛名之下，其實難符，那名也就只是虛名，甚至是金玉其外，敗絮其中。

不爲虛名所累

人不可爲名所累，這樣，我們才能眞正擁有一份屬於自己心靈的自由和精神的超脫，擁有一份眞正屬於自己的生活。

而且，更重要的，人不可爲聲名所累。

孟子說：「有意料不到的讚揚，有過於苛求的詆毀」，古語還有：「聰明得福人間少，僥倖成名史上多。」人生在世，確實有許多偶得的虛名，而這偶得的虛名，自然更是當不得眞的。

這道理說破，人活天地間，活著是自己活著，生活是自己的生活，聲名毀譽，與權勢地位一樣，也都是外加的，是社會給予的，更何況這聲名毀譽之中免不了有這過其實，免不了有僥倖偶然，甚而假假眞眞。因此，面對這聲名毀譽，聽則聽矣，有時也不妨採取一種「呼我爲牛即爲牛，呼我爲馬即爲馬」的態度，不爲其所累，不爲其所羈，只有這樣，我們才能眞正擁有一份屬於自己的心靈的自由和精神的超脫，才可以擁有一份眞正屬於自己的生活。

所以，持性立德，不爲聲名所累，特別是不爲虛名所累，也是人生必修的課目之一。圖遠者不拘近利，營大者不計小名。進一步說，無利少慾堪稱智者，而絕名無己，方可稱之偉大。

瀟灑走一回

瀟灑走一回。何為瀟灑？詩人行事灑脫不拘，天性自露，就是瀟灑；立身處世坦蕩無己，慷慨豪邁，就是瀟灑。

說個古人的故事。

金聖嘆是明末淸初的一位大文人，他滿腹才學，卻無心功名八股，安心做個靠教書評書養家餬口的「六等秀才」。在獨尊儒術，崇尙理學的時風中，偏偏獨獨鍾愛爲正統文人所不齒的稗官野史。被人目爲「狂士」「怪傑」也全不以爲意，終日縱酒著書，我行我素，不求聞達，不修邊幅。當時人記載，說他常常飮酒詣謔，談禪說道，能三四晝夜不醉，仙仙然有出塵之致。

清順治十八年二月清世祖章皇上駕崩，哀詔至金聖嘆家鄉蘇州，蘇州書生百餘人借哭靈爲由，哭於文廟，爲民請命，請求驅逐貪官縣令任維初，這就是震驚朝野的「哭廟案」。清廷暴怒，捉拿此案首犯一十八人，均處斬首。金聖嘆也是爲首者之一，自然也難逃災厄，但他置生死於度外，臨難時的《絕命詞》，無一字提到生死，只念念不忘胸前的幾本書，赴死之時，從容不迫，口賦七絕。《清稗類鈔》記載，他在被殺當天，作家書一封托獄卒轉給妻子，家書中也只寫有：「字付大兒看，鹽菜與黃豆同吃，大有胡桃滋味，此法一傳，吾無遺憾矣。」

這就是瀟灑，行得瀟灑，死得瀟灑。

人生天地間，則立於世，行於世。一個人立身行世，從大處看，能不被權勢利祿所羈，不爲功名毀譽所累，明察世情，了然生死，胸懷坦蕩，一腔正氣，得福而不忘形，能持性立德；臨危而不懼怯，敢慷慨赴死，就可以活得瀟灑。

從小處看，能以自己的本色天性面世，不費盡心力虛飾矯情，不被那些無所謂的人情客套、禮節規矩所拘約，能哭能笑，能哭能笑，泰然自在，怡然自得，真實自然，保持自己的赤子之心，就可以活得瀟灑。
相反，做不到這樣，就難得瀟灑。

選擇與取捨

稱一稱才能知道物體的輕重，量一量才能知道物體的長短。世上任何東西都是如此，人的心更是這樣。

——《孟子‧梁惠王章句上》

魚是我喜歡的，熊掌也是我所喜歡的，如果兩者不能兼有，我便捨魚而取熊掌。生命是我所要的，義也是我所要的，假如兩者不能兼有，我則捨身而取義。

——《孟子‧告子章句上》

人生在世，會遇到許多取捨的選擇。

從某種意義上說，人生的過程，也就是一個不斷地做出取捨和選擇的過程。正是不同的選擇構成了不同的人生，不同的取捨，賦予人生不同意義和價值。

因此，對於我們每一個人來說，立身處世，都必須學會如何去做出正確的選擇。

人生的難事

人的一生，會遇到很多難事，我們將度過怎樣的人生，成為怎樣的人，包含在我們選擇什麼樣的取捨之中。

人生多舛，人世艱難。

人這一生，會遇到很多難事，碰上很多難關。這中間，有一些事情、關口難是難，但好辦，好過，有一些則是真難辦、難過。

比如說創業難。一事伊始，擬定計劃，籌措資金，招選辦事人員，樣樣都不是一蹴而就的事情，更不好辦的是，如今不管做什麼事都興層層報批，層層蓋印，層層求一紙批文，做過的人都知道，那一道道關節通下來，沒有不感到眞是一番脫胎換骨。這是難，但不難辦，因爲目標一定，只需勇往直前，只要捨得時間和氣力，終歸還是可以辦下來的。再比如生存難，有時候沒飯吃，要餓肚子還眞有點難辦。但人到了那步田地，就豁出去了，把平時不吃也眞難吃的東西弄來塡肚子，或一圈圈地把腰帶往緊裡束。於是，便有過不來就倒下了，命大的也就過來了。

上面這兩難，是眞難，但這種難，或闖或挺，相對說來，過了也就過了，而且，這些難，也不是常能遇上的。

常常困擾我們的，我們每個人都會遇上的難，是人的選擇的難處，是人在兩難甚至多難的境遇中，進退不得，難以選擇又必須選擇的難。比如說，要以誠信待人，但以誠信待人，人不一定誠信待你，甚至會利用你的誠信，怎麼辦？比如說，要以本色待人，但以本色待人會被人誤解，而且可能碰得頭破血流，怎麼辦？再實際些，比如拉關係，走後門，吃吃喝喝吹吹拍拍，本爲你所不齒甚至深惡痛絕，但人家就要你這樣，不這樣你要辦而且應該辦的事就辦不成，這又怎麼辦？你必須做出選擇。

人生充滿了選擇。

從某種意義上說，人生也就是一個選擇連著一個選擇的過程，人生的快樂與悲哀，幸福與痛苦，輕鬆與疲累，往往就是由這一個一個捨此就彼或去彼取此的選擇，在須臾之間鑄成，我們將度過怎樣的人生，我們將成爲什麼樣的人，也包含在我們選擇什麼的取捨之中。

所以，這選擇、取捨於人來說，實在太重要了，實在不可不謹愼，不可不重視。

權，然後知輕重

權，然後可以知輕重，度，然後可以知長短，這裡需要權衡，需要思量，需要比較，兩害相權取其輕，說的就是這道理。

不過，知比較，還需知如何比較。

有一個任國人問孟子的弟弟屋廬子：「禮和食物哪樣重要。」屋廬子回答說：「自然是禮重要。」那人又問：「娶妻和禮，哪樣重要」，屋廬子仍然回答是禮重要。那個任國人接著又提出了一連串的問題：「既然禮重要，那麼，如果按照禮節去找吃的，便會餓死，不按禮節去找吃的，就可以找到吃的，那是要吃的還是要禮呢？如果按照婚娶之禮行事，便得不到妻子，如果不按婚娶之禮行事，便會得到妻子，那是要妻子呢還是要迎親禮呢？」

屋廬子不能對答，第二天便趕去鄒國，向孟子求救。

孟子說：「這個問題有什麼難答覆的呢？如果不揣度基點的高低是否一致，而只比較它們的頂端，那麼放在高處的一寸厚的木板，也會比高樓的尖頂還高。我們說，金子比羽毛重，難道是說三錢金子比一大車羽毛還重嗎？拿吃的重要方面和禮的細節相比，何止於吃重要？拿婚禮的重要方面和禮的細節相比，何止於婚姻重要？你這樣答覆他：『扭折哥哥的胳膊，搶奪他的食物，便可以得到吃的；不扭，便得不到吃的，那他是不是會去扭呢？爬過鄰居的牆去摟抱鄰家的女子，便可以得到妻室，不去爬牆摟抱，便得不到妻室，他是不是也會去爬牆摟抱呢？』」

屋廬子是否眞回任國去把孟子這番話向那個任國的人說了一遍，《孟子》一書中沒記，我們也無從知道，但孟子的意思，我們應該是可以清楚的，那就是不能被事物的細枝末節所迷惑，不能讓事物的表象掩蓋了事物的本質。這裡有本有末，有輕有重，只有分清了本末輕重，才能準確地權衡度量，才能做出正確的選擇。譬如禮爲本，食物、婚娶爲末，那任國人把兩者混爲一談，所以使本來很清楚的問題成了一盆漿糊，屋廬子入了圈套，分不清本末，因而不能對答。

所以，正確抉擇取捨的關鍵，還在於我們要明本末，知輕重，識大體。

明本末、知輕重、識大體

明本末，識大體，就能辨是非，知輕重，就能依具體情況作出權衡。

要明本末，知輕重，識大體。

何爲本？道爲本，義爲本，人的節操爲本，人作爲眞人的存在爲本；何爲末？具體的行動爲末，具體行爲細節爲末。本是根本，末是末節，末生於本，末須護本，必須不傷了本。因此任何具體的抉擇都不能忘了本。

何爲輕？一時一事的得失爲輕，一爭一奪的勝負爲輕；何爲重？持性爲重，守本爲重。得失不可不計，勝負也還是要論的，但計得失，論勝負不能害了人性情，不能傷了人根本。

何爲識大體？明本末，知輕重，便是識大體。輕重不辯，捨本求末，趨利忘義，爲所欲爲，便是失了大體，忘了大體。

能明本末，知輕重，識大體才會有正確的抉擇。我們說，兩害相遇權其輕，其實在現實生活中，一事當前，孰重孰輕，有時好分清，有時實在難分清，比如面前擺了一盆魚，還有一盆熊掌，誰爲輕？這就看價值了。熊掌更値錢些，這樣就是熊掌爲重，這個好分。如果兩者不能兼得，自然取熊掌而捨魚。但是食物和義理誰重誰輕，有時就會讓人犯糊塗。從人要活命看，自然食物爲重，沒有飯吃，人就活不成，但從人的生命存在的意義來看，顯然又是義理爲重，倘若爲了活命傷天害理弄飯吃，那活人其實無異於行屍走肉。

這裡的關鍵還是在於要明本末，識大體。

明本末，識大體，就能辨是非，知輕重，就能依具體情況作出權衡。生命是重要的，因此，只要不失了道義，害了性情，傷了根本，當取則取，決無猶豫，所以孟子也說，如果在那裡因持性保德受窮挨餓，這時有個人說：「雖然我不能按他的德行辦事，但我也不能看著他餓死」因而來給以周濟，那也是可以接受的，因爲要活命，但人還有比活命更重要的東西，那就是人的道義操守，人的眞性根本，因爲正是這些構成了人的生命的眞正意義。因此爲了它，即使是生命，也當捨則捨，毫不彷徨。

——所以，孟子還說：生命爲我所看重，義也爲我所看重，但如果兩者不能並有，我便捨棄生命而取義。生命本爲我看重，但還有比生命更爲我看重的，所以，我不做苟且偷生的事。死亡本爲我厭惡，但還有比死亡更爲我厭惡的，所以有的禍害我並不躲避。

明智篇

人無全知

智者没有不該知道的，但他急於知道的是當前必須做的工作；仁者没有不愛的，但務必先愛親人和賢者。堯舜的智慧也不能知道一切事務，因為他急於知道當前的首要任務；堯舜的仁德也不能普遍施愛於所有的人，因為他急於愛親人和賢者。

——《孟子・盡心章句上》

完全相信《書》還不如没有《書》。我對於《成武》一篇，也不過取它的兩三頁罷了。

——《孟子・盡心章句下》

人無全知

依人類的本性而言，也正因為有這一個新知無法窮盡的過程，人類才會孜孜不倦地探求，才會永不停息自己前進的步伐。

我們渴望知識，我們孜孜以求。

人類沒有一天停止過探求新知。

我們孜孜以求，渴望知識，是因爲我們知識貧乏。

我們不能生而知之。我們赤裸裸來到人世，所有不過一副骨架和一身皮囊，要成人之眞身，需要我們放開胃口，納入碳水化合物使這骨架得以生長，使這皮囊得到充實，更需要我們睜大眼睛，攝入知識，使我們的大腦得到充實。

我們需要知識。

人生本就不該是一個可以無知無覺，懵然打發的簡單過程。而且，與自然之神相比，我們自己又是那樣的渺小，那樣的無力，我們只有依憑我們的智慧，依憑我們對世事的明達和對天地的知會才能使我們變得強大。

所以，古人說：學，亦人之砥礪也。

學亦人之砥礪，是說學習能使人變得剛強銳利，用今天的話說，就是，知識就是力量。

如此說來，對於人來說，實在沒有不該知道的，也沒有不需要知道的。

但是，我們並不能什麼都知道。

茫茫宇宙，浩浩人世，無邊無涯，無極無終。天道的運行，人世的演進，無始無結，無窮無盡。不用說，關於這茫茫宇宙和浩浩人世的知識，也無邊無涯，無窮無盡。而我們每個人的生命，卻只是彈指間的一個短暫的過程，生命有限而知海無涯，以有限對無涯，自然難得其盡，這是必然。

而且，這宇宙人事，對於人類來說，也永遠只能是有知有未知，有新知又有新的未知。這本身也是一個沒有窮盡的過程。正如醫學科學剛開始明白了癌症究竟是怎麼回事，預言本世紀人類將攻克癌症，現今又出現了更可怕的愛滋病。依人類的本性而言，也正因爲有這一個新知無法窮盡的過程，人類才會孜孜不倦地探求，才會永不停息自己前進的步伐。假如眞有已無可探、無可求的那一天，那大約也必將是人類徹底走完自己的道路而歸於毀滅的一天。

智者以當務之急爲重

以當務之急爲重而不蔽於毫末，求其所必求，爲其所能爲，知其所該知。

人無全知，人不可能全知。

知道人無全知，人不可能全知，並不能使我們對自己產生悲觀。

人生本就是一個不倦地吸取知識，探求新知的過程。這個充滿未知的世界，這個我們永遠無法全知的世界，本身就總在向我們不斷地發出探知尋道的邀請，總在提醒我們去體悟，去探求，去思索，去知會。它使我們無時無刻不感到生命的短促和意識到自己的無知的缺憾，它要求我們加倍小心地珍惜我們可以自己作主的有限的生命時光，它告訴我們要惜時如金，探求不止，只有如此，我們的生命才能得到不斷的充實和延續。

因此，我們雖不能全知，但我們仍然不倦地求知。

而且，知道人無全知，人不可能全知，也正是我們智慧的開始。

智者以知之爲知之，以不知爲不知；

智者知道在不可知的門檻邊上止步，決不勉強自己進入不可知。

說到底，眞正的智者並不是無所不知，而是更加淸楚地知道自己不可能無所不知，知道自己無法無所不知。知道自己無法全知，也就知道了自己所能知、所該知、所必知。智者不要求自己無所不知，而是更加注重知之所當知，知之所必知。他注重現世的一切而不流於虛妄，他以當務之急爲重而不蔽於毫末，求其所必求，爲其所能爲，知其所該知。

所以，孟子說：智者沒有不該知道的，但是他更急於當前的工作。仁者沒有不愛的，但是務必先愛親人和賢者。以堯舜的智慧也不能完全知道一切事物，但他們都知道自己當前的首要任務，堯舜的仁德可以遍施於人，但他們首先愛著的仍然是賢者和親人。

讀書與明智

求知明智由學問而來，由讀書為學而來，或者說，讀書為學是求知明智不可缺少的途徑之一。

我們求知。

說到底，求知也就是求智，用古人的話說，就是求知求道，以期得道，用今人的話說，就是追求眞理，以期明白事物的必然規律。

求知明智由學問而來，由讀書爲學而來，或者說，讀書爲學是求知明智不可缺少的途徑之一。

明智得道的人，總是那些胸中懷有大學問的人，他們明事理，知法度，精通學問。他們用學問鍛鍊自己的天性，用學問修剪自己的天賦，用學問培養自己明察大道，權衡輕重的能力，用學問造就自己行止儒雅、舉措得體的風度。

因此，世人可以輕視讀書人，但卻不可以輕視學問。

因此，古往今來，上至達官貴人，下至平民百姓，都知道人不能不讀書，而且最好是盡可能地多讀書。

書是人類智慧發育的足迹，是人類文化積累的庫藏。

書也是人生不可缺少的伴侶。

而且眞正的讀書人都知道，就人的日常生活來說，讀書也是一件快事，樂事。靜坐於書室，捧一本《莊子》，於沈浸流連中默會古人，神遊太極，常能讓人在會心處忘卻人世的紛擾喧囂，得到一種心曠神怡的享受。

那麼，具體說來，我們該讀哪些書呢？

讀詩、讀史、讀哲學、讀邏輯、讀法律、讀修辭，……讀一切該讀之書，讀一切可讀之書。

讀詩能使人敏慧高雅；

讀史能使人知世道得失；

讀哲學能使人辯證圓通；

讀邏輯能使人嚴謹縝密；

讀法律能使人行爲規範；

讀修辭能使人善辯能言。

總之，讀一切該讀之書，讀一切可讀之書。只要能讀書，會讀書，不管是什麼書，都會給我們提供人生的智慧和教益。

盡信書不如無書

盡信書不如無書，關鍵還是要會讀書，並時刻記住，書外還有書，也就是我們每個人都參加書寫的那部現實大書。

不過，事物都有兩面。

書是人寫的，正如人有眞假美醜，書也有孬好正誤。一部壞書，會使人迷亂，會使人趨邪，於邪書中求人生的解惑之方，無異於飲鴆止渴。

而且，即使好書能給人解惑，能使人巧智說，也有兩面。

譬如烏鴉被狐狸騙走口中肉的故事，本是要讓人看了以烏鴉爲鑒，不要上了那些溜須拍馬者的當，不要讓那些居心叵測者鑽了空子。可是，有時人們卻偏不這樣看，而是在輕視烏鴉的愚蠢的同時，更羨慕狐狸的狡猾，以為能如狐狸便是聰明——人自然是聰明了，人的本眞卻也開始喪失了。

再比如三歲小孩都知道的「狼來了」的故事，成人講給孩子聽，自然是想讓孩子從故事中明白做人要誠實，不誠實便會受懲罰的道理。可是另一方面，這故事也有可能讓孩子們以為只要誠實就不會招禍，就能平安無事，以為只要誠實狼就不會來，那其實是讓孩子由幼稚而變為簡單了。如果孩子們進一步由我誠實而推而廣之，以為這世間任何人都誠實，那就更是使孩子由簡單進而變為愚蠢了。

可見，不僅壞書害人，即使一本好書，能不能給人好處，也還在於什麼人讀和怎樣讀。

所以孟子說：盡信書不如無書。

孟子說的書，不是一般的書，而是儒家經典《尚書》。不過，孟子這裡也在無意中說出了一個極眞切的道理。或者即使由孟老夫子的思路推論，也是這個道理：既然儒家經典在儒學大師那裡都得不到盡信，更何況其他的書呢？

盡信書不如無書，關鍵還是要會讀書。

會讀書，說白了，就是不要讀死書，書讀死了會上當，會成呆子，會越讀越蠢。

也不要死讀書，說穿了，書上寫的其實都是過去了的東西，而我們的生活畢竟是今天的生活，過去的東西只有與我們自己的現實相結合，才會眞正化爲我們的需要。

所以，要時刻記住，書外還有書，也就是我們每個人都參加書寫的那部現實大書。

禍福

禍害或者幸福沒有不是人自己找來的。

——《孟子・公孫丑章句上》

人必先有自取侮辱的行為，別人才敢侮辱他；家必先有自取毀壞的因素，別人才去毀壞它，國必先有自取討伐的原因，別人才去討伐它。《尚書・太甲篇》說過，「天造的罪孽還可能躲避，自己造的罪孽，想逃也逃不了。」說的正是這個意思啊！

——《孟子・離婁章句上》

人人都希望避禍得福，可以說，避禍趨福是人類的本能。

可是，什麼是禍，什麼是福？

人如何才能避禍得福？

智者說——

禍福全在自取

人的吉凶禍福，都在人的自取，是人自己送給自己世道的公平。

俗話說，天有不測風雲，人有旦夕禍福，是說人之吉凶禍福，誠如天之風雲變幻，來去無定，常常是人做不得主，由不得人把握。

說天有不測風雲，這話有道理。即如科學如此發達的今天，人類也仍然無法準確無誤地知道雨來雲去、雪落霜降就是證明，天有天道，許多時候實在不是人可以奈何的。

但說人之吉凶禍福難測無定，不由人作主，卻不能絕對。福有福到的緣由，禍有禍至的根據。世上沒有無緣之福，也沒有無根之禍，這福緣禍根，說到底，就在人自己，冥冥中絕沒有什麼上帝或神靈在那裡給人賜以福惠或施以懲罰。人的吉凶禍福，都在人的自取，是人自己送給自己世道的公平。

智者都明白這道理。

孔子周遊列國，行至滄浪水邊，聽到一個小孩在那裡唱歌。歌中唱道：「滄浪的水清啊，可以洗我的帽纓，滄浪的水濁啊，可以洗我的雙腳。」孔子大為感慨。他對他的學生們說：「學生們聽著，水清可以洗帽纓，水濁就只能用來洗腳，這都是由水本身決定的啊。」這話很有嚼頭。水的去取用度，全由水本身的質量決定，人的得福與招禍，取譽與遭辱，也全都由人自己的行世為人所決定。

從人的立身行事來看，積善成德也許並不一定大福大貴，但不義行惡，卻沒有不招致禍患的。古人說，多行不義必自斃，這是至理，俗語說，惡有惡報，善有善報，惡極降禍，善極賜福，明白人都知道，這極，最終還是人極。

從世道的運行看，順天隨勢，便可得福，逆天違時，便會招禍，即使暫時得福，最終福也會成禍。這一點，明白人都知道。譬如毀林開荒，圍湖造田，或許可以收穫更多一點的糧食。曾有人說，手中有糧，心裡不慌，冷靜想想，那是沒到著慌的時候。從長遠看，生態平衡被打破，土地沙化，氣候惡劣，受罪的還是人自己，這禍想逃大約也是逃不了的。

所以，古人還說：天作孽，猶可違，自作孽，不可活。

居安思危，未雨綢繆

思危才可以求安，慮退方能得進，懼亂然後可以保治，戒之然後可以求存。

禍福在人自取，因此，人能求福，也能避禍，求福與避禍，也全在人自己。

如何避禍得福？

居安思危，得福慮禍，不沈溺流連，不得意忘形。

人世之道，本就變動不居，花無日日紅，人無不去福，所以必得安而不忘危，存而不忘亡，治而不忘亂。思危才可以求安，慮退方能得進，懼亂然後可以保治，戒亡然後可以求存。

有一次，孟子學生問他如何才能使國家免於災患，孟子的回答很耐人尋味。孟子說，那自然首先在於行仁政，但還不僅於此，還要盡力防患於未然。國家無內憂外患，就趁此靖平之時修明政治法典，那樣，縱使強大的國家也會懼怕了。這就是《詩經》上說的：「趁著雨未下來雲未起，桑樹根上剝些皮，門兒窗兒都修理，下面的人們誰敢把我欺。」假使在靖平之時追求享樂，怠惰優遊，那就等於自找禍害。

孟子引用的《詩經》上那幾句詩的意思，就是常言說的「未雨綢繆」。治國理政應知未雨綢繆，處事行事，也應知未雨綢繆。一句話，沒有遠慮，必有近憂，不眼光遠一些，眼前光景也難眞正保守。

說個故事。

范蠡是一位才華出衆的人，他輔佐越王勾踐二十年，使越國強大，最後滅掉了吳國。越王勾踐因爲他功勛卓著，要拜他爲上將軍。范蠡知道越王勾踐心胸狹窄，可以共度患難但不能同享富貴，便堅辭不受，並離開越國。傳說他偕同美女西施遠遁於太湖深處，更名經商，富甲一方。范蠡離開越國，曾遺書一封給共過事的大夫文種，勸他盡早離開越王，信中說：「飛鳥盡，良弓藏，狡兔死，走狗烹，越王爲人長頸鳥喙，可與共患難，不可與共安樂，子何不去！」但文種並沒有聽從勸告離開越國，而只是稱病不朝，以爲我不管事便可無事。果然，沒過多久，越王便聽信讒言，找藉口逼文種自殺了。

一個人的吉凶禍福，其實都是有條件的，隨勢而化，順時而得。時勢消失，吉便成凶，福即成禍。越王可與人共患難，患難之時做其臣下便可身安，但他不能與人共安樂，因此患難之時一過，他的賜官加爵，便是降災施禍。范蠡審時度勢，及時離開，不求一時之福，也遠避了殺身之禍；文種不知，最終雖事業有成卻性命不保，到死也只能留下說不出的遺恨。

遺恨是一時的，但留下的思量卻是永遠的。

禍兮福所倚，福兮禍所伏

世有毋望之福，人有毋望之禍。人之視吉凶禍福，最好的態度還應是禍至不懼，福來不喜，特別是不可得意忘形。

而且，人世的吉凶禍福，本來相反相成，其間實在並沒有絕然的區分。禍兮福所倚，福兮禍所伏，吉者凶之門，福者禍之根。用老百姓的話說，有因福得禍，有因禍得福，禍福本就是一根藤上的兩顆果。

作人不能不明白這其中的因緣辯證。

再說個故事。

有一個住在邊境小城的老者，人稱塞翁。塞翁養有一匹好馬。

有一天，塞翁的馬跑到境外去了。鄰居爲他惋惜，他自己卻並不以爲然，反倒對鄰居說，「丟失一匹馬有什麼關係呢？說不定還是一件好事呢。」果然，那馬不久自己跑回來，還帶回了一匹境外的駿馬。鄰人知道了，又來向塞翁道賀，塞翁也不以爲然，他對鄰人說：「這也算不得什麼好事，有誰知道這馬會不會給我帶來禍事呢？」果然，不久塞翁的兒子騎著這匹馬出去遊玩，從馬上摔下跌折了一條腿。這自然是一件禍事，但塞翁也不以爲然。

不久，境外少數民族大舉進犯，邊塞的青壯年都應徵去打仗了，大部分都戰死沙場，塞翁的兒子因爲折跌了腿而不能去打仗，和父親一起保全了性命。

這故事演化成一條成語，叫做「塞翁失馬，焉知非福」。

塞翁失馬，焉知非福？這其間實在道出了人世吉凶禍福的辨證。憂喜本是一家，吉凶本同一根。亂生於治，危生於安，井以其甘冽淸純而易竭，李以其苦澀難嚐而可存。美玉藏之深山，因其珍貴卻免不了會遭斧鑿錘擊而破，蘭生於幽谷，雖無人觀賞卻能保有自己的芬芳。木秀於林，本可得雨露潤溉之便，領陽光沐浴之先，但木秀於林，風必摧之。吉凶禍福，其實總是相互包容，福中有禍，禍中有福，或者總能相互轉化，福能至禍，禍可生禍。

這很有點類似於飲酒。酒能活血順氣，能活絡舒筋。節假閒暇，二三同道，三兩親朋，相聚會飲，還能助談興，融洽感情。但飲到極處，便能致禍。壞胃傷肝，麻痹神經，舉止失度，傷己傷人。因酒而壞事者生活中比比皆是。這就是古人說的，「酒極則亂，樂極生悲。」事不可極，極之而衰，萬事盡皆如此。

所以，世有毋望之福，人有毋望之禍。人之視吉凶禍福，最好的態度還應該是禍至不懼，福來不喜，特別是不可得意忘形。

平安是福

福之所以為福，是因為福至則人養。對於人來說，平安是福。

說起來，人心複雜，人對吉凶禍福的看法也就很有些不同。求官者以得官爲福，便以仕途阻斷，丟了烏紗爲禍；求財者以得金進銀爲福，便以財路不暢，失財丟錢爲禍；欲成大事者以逞才得志爲福，便以功業毀敗爲禍……細究起來，凡此種種，其實都還沒有眞解人間吉凶禍福的個中三昧。

人間萬事，唯人爲大。人是根本，有人才有世界。禍於人之所以爲禍，是因爲禍及則人傷，福於人之所以爲福，是因爲福至則人養。所以，歸根到底，對於人來說，平安是福。

還說個故事。

韓、魏兩國邊境相鄰，爲爭邊界的土地起了爭端，魏強韓弱，抗爭之下，韓國自然免不了要吃虧，韓國國君昭僖侯爲此很是發愁。

韓國賢人華子拜見昭僖侯，勸昭僖侯不要與魏國拚爭。華子對昭僖侯說：「如果現在有人和您訂下誓約，這誓約規定，拿到誓約者可以得天下。但是，如果他用左手去拿，便砍掉他的右手，用右手去拿，便砍掉他的左手，你是不是仍然要去拿它呢？」

昭僖侯說：「咳，那我當然是不要那誓約的。」

華子接著說：「這就是了。這說明保全自己比擁有天下更重要。朝國自然比不了天下，韓國邊界之地自然也比不上朝國的整個封地，你又何必去爲爭那一點而傷及自身呢？」

華子與昭僖侯的這一番對答，實在很有些意味。

人生在世，官可求，利可求，名可求，連天下都可求。但官利名位，對人來說，實在談不上是什麼福分，而不過是身外之物，過眼煙雲。設若爲這些過眼煙雲迷了本性，譬如硬要天下而不顧及人自身，那便是忘了人的根本，說得再俗一點，求利害己，那利即使是福，你又何能消受？

由此看來，其實避禍就是求安，避禍之法就是保平安之法。不見利忘害，便可求安；不爲名傷身，便有福至；不做非分之想，便無無妄之災；不逞能鬥狠，便無禍來。無病無憂，一簞一瓢，自是福氣。人常說，憨人有憨福，並不是說憨人能以機巧求利得福，而是說他無意求福反自保平安而得福。

人有時也不妨學學憨人面世。

正誤

周公也會犯錯誤，這是合乎情理的。但是古代君子有了過錯，便隨即改正。古代君子的過錯，就像日蝕、月蝕一般，老百姓個個都能看到，當他改正錯誤的時候，老百姓也個個抬頭仰望。

——《孟子·公孫丑章句下》

人不可以沒有羞恥。不知羞恥那才是真正的無恥。

羞恥對於人的關係太重大了，行事機謀巧詐的人是沒有地方用得著羞恥的。不以趕不上別人為羞恥，那怎麼能趕得上別人呢？

——《孟子·盡心章句上》

每個人都可能犯錯誤。

而且，在這不算長但也決不能說短的一生中，我們會犯許多錯誤。

會犯過錯，這是人生的正常。

關鍵在於我們如何對待我們的過錯，這裡也呈示著人生的正常。

聖人也出錯

既是人，就會犯錯，怕犯錯的人是永遠做不成事的，

因為只有不做事才不會出錯。

齊王不聽孟子的勸告，出兵攻打燕國，遭到燕國的群起反抗，其他諸侯國也反對齊國的行國。齊王有些後悔，感到有愧於孟子。

齊國大夫陳賈勸齊王說：

「王也不必太難過。您想想，在仁和智的方面，王與周公比誰強些呢？」

齊王說：「你這是什麼話，我哪比得上周公呢？」

陳賈說：「這就是了。周公當初讓管叔監理殷國，管叔卻帶著殷國人造反。這一結果，如果周公預見到了，卻仍然派管叔去，那是周公的不仁；如果周公未曾預見到，便是他的不智。仁和智周公都沒有完全做到，故而犯下過錯，何況大王您呢？」

周公是古代的聖人。古代聖人都不能完全做到仁和智，可見聖人也有錯，也會出錯。

聖人也出錯，看來孟子也同意這說法。

後來陳賈見到孟子，把他對齊王說的一番話又對孟子說了一遍。孟子對陳賈說，周公是管叔的弟弟。弟弟不能疑心哥哥，所以周公出錯也合乎情理。不過古代的君子有了過錯能隨即改正，這就是古代君子與現在人的不同了。現在的人犯了錯，不僅將錯就錯，而且還要編出一套道理爲自己開脫。

孟子說到古人與今人對錯誤的態度不同，是批評陳賈不該拿齊王比周公，來爲齊王開脫，而且告訴他知錯即改才是君子的作爲。不過這是另外的題目，這裡只說聖人也出錯。

孟子說周公出錯合乎情理，實際也是說聖人出錯本來也是常理。

依常理來看，聖人也是人，即使我們承認聖人有許多超出我們常人的地方，但聖人是人總是不會變的。比如聖人也要吃飯，也要睡覺，也要排泄，聖人也有七情六慾。

既是人，就會犯錯，就會出錯，就會有錯。一輩子都在提醒自己不出錯、不犯錯的人有，但一輩子眞不出錯的人卻找不到，也不可能找到。所以，聖人有錯是正常的。而且聖人有時也出大錯，比如周公，用錯了人，弄得差一點天下大亂。古往今來，類似的事情已經很多了。

記住聖人也出錯很有用。

記住了，我們就不再會盲目崇拜。盲目崇拜別人，我們就會沒了自己。

記住了，我們就不會怕犯錯。聖人也會犯錯，何況我們本來就是常人。怕犯錯的人是永遠做不成事的，因爲只有不做事才不會出錯。

其實，換個角度看，不做事本身就是錯，而且，於人生來說，還是大錯。

知恥而後勇

知恥而後勇，要知錯即改，首先要敢於認錯，這樣才有可能真正改正錯誤。

人人都會出錯，只要做事就可能出錯。認爲有不會犯錯的人，那是幼稚。

聰明人不怕出錯。

聰明人不怕出錯，就是因爲他知道人總會犯錯。再周密的計劃，總有想不到的疏漏，如果一定要等到擬出一個萬無一失、不會出錯的計劃才去動手做事，那就永遠也做不成事。

聰明人不怕犯錯，還在於他不僅準備出錯，而且還隨時準備著改錯　犯錯不改，將錯就錯，甚至費盡心力去尋找藉口，文過飾非，掩蓋過錯，這只是笨伯所爲，那是愚蠢。這種人也將永遠做不成事。

所以，古人常說，知錯即改方爲智。

不用說，要知錯即改首先要敢於認錯。

不怕出錯與敢於認錯是不同的。因爲有時認錯就意味著要擔擔子，要負責任，乃至於要付出代價，比如可能丟官，可能失去威信，可能做出經濟賠償。所以，生活中一些不怕犯錯誤的人，並不都是同時也敢於認錯的人。就好像有的人不怕生病，卻不敢去看醫生，就因爲看醫生就不能不說出自己的病，就不能不吃藥打針，有些藥吃起來會很難受，而打針就更麻煩，不僅會痛，而且還要在護士小姐面前露出臀部。對有些人來說，這是更難受的事，因爲他以爲將平時一般不給人看的臀部展露給人看是很失面子的，他以爲面子比性命還重要。

其實，這種人也實在愚蠢得可以。

這種人，其實並不知道什麼是丟面子，怎麼才能不丟面子，說文一點，也就是並不知道什麼是羞恥，是不知恥。

說到底，犯錯和認錯其實都並不是丟臉的事，而文過飾非，死不讓錯，鴨子死了嘴巴硬，無理說成有理，那才是眞丟面子，是眞正的羞恥。而且，錯了就是錯了，並不因爲我們不認帳，錯的就會變成對的。怕丟面子，怕付出代價，將錯就錯，會鑄成更大的錯，會一錯再錯。這正如諱疾忌醫，其結果誰都知道。

只有知道自己的不足，才能奮起直追，來彌補自己的不足，只有能夠認識自己的錯誤，勇於承認自己的錯誤，才有可能眞正改正錯誤。

所以，古人也常說：知恥而後勇。

這話也值得我們記取。

知錯即改方爲智

知錯即改方為智，知錯即改，最重要的還是在於改，而且是馬上改，澈底改。

認錯和改錯也不是一回事。

生活中有一種人，犯了過錯能知錯，也能認錯，但說到改錯，卻常常並不那麼痛快。或者說一句這次就這樣了，下不爲例吧，或者找一點可以原諒的情由，輕鬆地原諒了自己，總不願意立馬去糾正錯誤。

這就是古人說的，知過非難，改過爲難；言善非難，行善爲難。

對於這種人，孟子也有一個說法。他將這種人比做一個被人抓住的偷雞賊。這個偷雞賊每天都要偷竊鄰里一隻雞。有一天，這個偷雞賊終於被人人贓俱獲，在大家的譴責指斥下，他也知道了自己的不對，於是便對鄰居們保證說：「我知道錯了，我也願意改。但是我還不能馬上做到一隻都不偷，我先少偷一點，比如一個月只偷一隻，然後兩個月偷一隻，慢慢我就一隻都不偷了。」

偷雞賊的話，自然只能引來鄰人更大的憤怒。

我們誰都知道這偷雞賊的說法荒唐。一個人所犯的過錯，所存的短處與不足，並不是什麼值得留戀不捨的東西。人會出錯是正常，但錯誤本身卻是不正常，這正如人吃五穀雜糧，經風沐日，會生病，會長疱瘤是正常，但那疱瘤於人體本身卻是不正常。既是錯、是病，是疱瘤，就該馬上改、馬上治，馬上把它們剜除，這樣才可能立即恢復到正常。認爲改錯還可以「緩期執行，或者認爲疱瘤膿瘡還可以割一點留下一點，那常常只是欺人，也是自欺。」

至於生活中還有一種人，已經知道錯了，還偏要硬著頭皮說：「錯了就錯了，就這麼辦了，你又奈我何。」這種人，其實同死不認錯沒什麼區別。對這種人我們無話可說，除了送他一句「不見棺材不落淚外，自然也實在奈他不何的」。

還是那句話：知錯即改方爲智。

莫以惡小而爲之

莫以善小而不爲，莫以惡小而爲之。

當然，日常行事，最好還是盡量不出錯。

我們人有一個特點，就是愛拿自己和別人比。愛和人比好不好？這問題很複雜，需因人而論，因事而定，幾句話說不清。但有一種比我們可以知道是不好的，那就是拿自己的長處比別人的短處，更進一步，拿自己的小過比別人的大過，拿自己的小錯比別人的大錯，藉此來獲得某種心理平衡，或者試圖以此來減輕自己的過錯。

這種比最要不得。

過錯有大小，後果有輕重，這倒也是實情，但大錯是錯，小錯也是錯，從性質上看，有時實在很難在這兩者之間分出伯仲。

譬如孟子說的五十步笑百步的例子：

戰場上，戰鼓咚咚，號角相聞，兩軍對壘，短兵相接，一片殺聲。就在這時有人丟盔卸甲，拖著兵器向後逃。有的一口氣跑一百步才停下，有的跑了五十步才停下，後者卻指著前面的人恥笑說：「他眞是個膽小鬼。我只跑了五十步，他卻跑了一百步，我比他總算還強一點。」

——明白人都知道這五十步笑百步的人決不比被他笑的人強，事實上也許還更糟，因爲他其實是錯了還不自知。戰鬥結束以後，他也是要受軍法處置的。

由此，我們也可以知道，小錯不小，小錯和大錯，有時帶來的後果也可能是一樣的，或者說，小錯也能鑄成大錯。常言道千里之堤，毀於一穴，七尺之軀，敗於一癤；小病不治成大病，說的都是這個理，只是我們總愛忘記。其實記性不好，愛忘事，特別是愛忘記自己的過錯和教訓，也是我們人的一個特點，或者說，是弱點。

錯有大小，合乎實情，小錯能鑄成大錯，小錯萌生著大錯，小錯會成爲大錯，這也是常理。這是小錯不小的又一面。有人說，我有毒的的不吃，犯法的不做，大錯不犯，小錯不斷也沒什麼，這是犯了迷糊，忘了防微才能杜漸的道理。小時偷針，不改，大時就會偷金。積善可以成德，是說多做好事能培養成就優良的德行，同理，小錯不斷，也會改了性情，性情改了要在變回來也是很難的。

莫以善小而不爲，莫以惡小而爲之。這話不是孟子說的，但依情理判斷，孟子一定也同意。

識人察物

耳朵、眼睛這類器官不會思考，故而容易被外物所迷惑，一與外物接觸，便被引向迷途。而心這一器官則職在思考。思考，便能得到，不思考，便得不到。心這個器官是天特意給人類的。因此，先把心樹立起來，人的耳朵和眼睛就不會被迷惑了。

——《孟子・告子章句上》

觀察一個人沒有比觀察他的眼睛更好的了，因為眼睛總不能掩蓋一個人的醜惡。心正，眼睛就明亮；心不正，眼睛就昏暗。能聽一個人的說話，注意觀察他的眼睛，這個人的善惡也就無法藏匿了。

——《孟子・離婁章句上》

用人用其長

要用人之長，首先要善於發現人之長，即要識人。

這樣才能人盡其才，才盡其用。

做領導者的也許可以什麼都不會，但有一樣卻不能不會，那就是如何用人。如今各級都在提領導者要專業化，其實會用人也應該包括在這專業化之中，領導別人就是要會用人，如何用人本就是領導者的專業，這話從道理上也應該是講得通的。

做領導者不能不會用人。

怎樣才算會用人？

善用人之長者才是會用人。

比如建造一所大房子，就該用大木料，做一張小方凳，就該用小木料，大材大用，小材小用。大材小用了，就會造成浪費，有材料的浪費，也有人工的浪費，無論從哪個角度看都不合算。不用說，小材自然是當不得大用的，硬要用，就別想辦成大事。

這比喻有些蹩腳，但道理卻是明白的。

世間沒有無所不能，無所不會的人，也不可能有這樣的人。學有專攻，技有所長，正如大材小材，也都只是各有各的作用，各有各的用途。小學教師雖然沒有大學教授學問深厚，但能培育出聰穎活潑的祖國花朵，假若讓一個大學教授去教六歲半的孩子1＋1＝2，我敢說十個有九個教不好——雖然大學教授和小學教師都是做的傳道、授業、解惑的工作。這就是因人授職，人盡其才，才盡其用。

無論如何，用人要善用人之長，這是我們，特別是我們之中的領導者們應該記住的。

要用人之長，首先要善於發現人之長，即要識人。

能識人之長，還要敢用人之長，要敢放手讓人發揮其長。譬如我們有一塊璞玉，就只能請玉匠來琢磨，而且最好讓玉匠發揮他自己的技藝來琢磨。如果你硬要對玉匠說，暫時放下你的技藝，按我的意見辦，那結果一定不妙——這話是孟子說的，不是原話，這裡取的是其大意。

眼見爲實，耳聽是虛

識人要用自己的眼睛，要依自己的判斷。這正如我們常說的眼見爲實，耳聽是虛。不能依道聽途說判是非一樣。

當領導者總要用人。其實豈止當領導者，即如我們這些常人也常常要用人，比如請人幫忙，就是用人。用人首先必須識人。

如何識人？孟子對齊宣王說的一段話，似乎值得我們記取。孟子說：國君選拔人才要愼重，左右親近的人都說某人好，不可輕信；衆位大夫都說某人好，也不可輕信；全國的人都說某人好，然後去了解，發現他眞有才幹，再任用他。左右親近的人都說某人不好，不可聽信，衆大夫都說某人不好，也不可聽信，全國的人都說某人不好，然後去了解，發現他眞不好，再罷免他。

孟子說了這麼多，其實歸納起來也就是一句話：看人要用自己的眼睛，識人要依自己的判斷。

用自己的眼睛、自己的判斷，一般來說，總是稍稍靠得住一些。

認識一個人，有時自然是需要聽聽別人的評價的，要不然，在我們國家裡那如影子一樣總跟著我們的那套人事檔案，便實在是一點用都沒有了。其實聽說類似個人檔案那東西，西方也有，比如從這家轉到那家當傭人，也需要出具原盧主寫的德能證明，不知確否？

但是，人複雜，人事也複雜，人對人的評價往往也靠不住。

比如人有遠近親疏，也各有其喜好厭惡，從人情出發，從個人好惡出發，人也常常會戴了有色眼鏡看事衡人，事和人也就難免都帶上那眼鏡的顏色。與我的關係近的，和我氣味相投的，我就給一個好評價；與我關係遠的，和我不相投契的，我即使不給以惡語，至少也難說出好話，這實在是正常不過的事，也是可以理解的。這裡還不排除有人出自私利私慾，去有意抬高一個人，或者去落井下石。

由此看來，有時候那如影子跟著我們的個人檔案，也是個很害人的東西，實在也是不可不看，也不可盡信的，盡信了，就有可能不是用錯了人，就是錯「壓」了人，反正結果都是一樣。

所以，識人要用自己的眼睛，要依自己的判斷。這正如我們常說的眼見爲實，耳聽是虛，不能依道聽途說判是非一樣。

看一個物體，不能藉助別人的視線。

看人，識人，也不能全依別人的判斷。

識人察物當探源求實

識人察物，不僅要用眼，要能親自考察，更要用心，用大腦。

眼見爲實，耳聽是虛。

說起來，不僅僅識人要用自己的眼睛，要依自己的判斷，不可以道聽途說定是非，日常生活中的審事察物，其實都應該這樣。

而且，這裡還有一個關鍵，那就是要用心去體察，動腦子去思考。識人察物的眼見爲實並不是說眼睛看到的就一定是眞相，就一定可靠，正如看物體不能用別人的視線，識人察物，也不能用對於對象表面的觀察代替心的體察和大腦的思考。

我們的眼睛有時也會騙我們。

比如陽光是什麼顏色？大霧是什麼顏色，光用眼看，有時就有些麻煩。法國有一位叫莫內的著名畫家，曾畫過一幅題名爲《日出印象》的油畫，畫面上的太陽是藍色的，大霧也是藍色的。有人抗議，說這幅畫的色彩用錯了，但畫家說這是他在倫敦街頭的親眼所見。

畫家親眼所見是實，但這「實」，仍然只是一時一地太陽和霧的表面現象，如果就以爲太陽和霧就是藍色的，不僅物理學家不同意，我們也不會同意。所以這一時只能作繪畫的題材，只能創作藝術品，用它做判斷陽光霧色的根據，誰都知道是不行的，或者大部分的時候是不行的。

所以，人們常說，目迷五色，耳惑六音。孟子也說，人的眼睛和耳朵這類器官，常會被外物所蒙蔽，會把人引向迷途。

眼睛常會被外物所蒙蔽，是因爲外物的表象和實質常常不能統一。可怕的東西並不一定面目猙獰，相反，有時甚至還是很悅目的，譬如有毒的蘑菇都色彩斑斕，罌粟花紅艷迷人且有芳香，但它們都可以讓人斷腸。

人事更是這樣。

有的人深有城府，藏而不露，使人無法一眼就看明白，而有的人因爲特別的目的，還會有意改變自己的面目來騙人，更使人不敢相信自己的眼睛。據說如今那些車站碼頭常能見到衣衫襤褸、可憐的乞討者中，有許多就是腰纏萬貫。如此等等，可以簡單地相信自己的眼睛嗎？

所以，識人察物，不僅要用眼，要能親自考察，更要用心，用大腦。這就是孟子說的，心是天特意給我們人類的重要器官，這個器官在思考，一思考便得到，不思考，便得不到。這實在是不刊之論。

知其然亦知其所以然

世間人事，都是形必有實，事必有據，末必有本，果必有因。所以，要知其然，也要知其所以然。

孟子說，不思考便得不到，一思考便得到。得到什麼?得到其所以然。

換句話說，識人察物，要用眼，也要用心。用眼知道他或它究竟是什麼樣子，用心，則是去推求他或它爲什麼會是這個樣子。簡捷地說，就是透過現象看本質。這本質，就是形之實，事之據、末之本、果之因。

世間人事，都是形必有實，事必有據，末必有本，果必有因。

不可能有有形無實的人，有形無實的人是紙人；也沒有無根無據的事，無根無據不成事由。所以，可能有形不副實，但不可能有形無實，末可能不必盡合於本，便不可能有末無本。

所以，知其然，也要知其所以然。識人察事，用心去體察，用腦去思考的目的，就是要知其所以然。

一個人做事，不僅要知道做什麼，還應該知道怎麼做，不僅要知道怎麼做，更應該知道爲什麼這樣做。世間萬事，做有做的原因，不做有不做的道理，知道了這原因和道理，當做則做，做起來便不會彷徨；不當做則不做，不做時也沒什麼可猶豫。常聽人勸人說：一事在手，要拿得起，放得下，事實上，如果不知其所以然，拿起了不一定放得下。

識人察物，自然也應該如此。一個人究竟如何，自然首先是他的才情德性如何，才情德性發之於聲，便爲言，動之於行，便成事。所以，看一個人，聽他說了什麼和做了什麼，也是很重要的。

但是人的言行畢竟都是形於外的部分。言和行未必能夠一致，說給人聽的言和做給人看的行與他的德性也未必一致，不僅不一致，有時甚至還可能恰恰相反，比如人常說的大智若愚，大巧若拙，這藏於內裡的巧智與現於外形的愚拙，就很不能統一。

所以，考察一個人，更重要的，不僅要聽他說了什麼，還要推求他爲什麼要這樣說，不僅要看他做了什麼，還要探究他爲什麼這樣做，如此才能眞識人，識眞人。這就是知其然也知其所以然。

能知其所以然，目之所見，耳之所聞，也就在其次了，比如孟子所說：「天極高，星辰極遠，如果能推求其所以然，即使一千年以後的冬至在哪一天，也是可以仕著推算出來的。」

將心比心

能夠將心比心，看事衡人才能保持一種公正通達的心態，才能眞正準確地察人識人，才不會做出悖於常識的判斷。

識人察物，特別是識人，還要學會將心比心。

將心比心，用孟子的話說，叫做「以意逆志」，也就是用自己的切身體會來推斷別人的心志；用現代心理學的話說，就是「內省」，也就是通過體察內視自己的心理，來揣度和推斷別人的心理。常言說的「察人先察己」，也是這個意思。人可以通過將心比心來識人、察人。

不用說，我們人都有自己的個性。我們各有其性情，各有其氣質，各有其聲口。世上沒有兩片相同的樹葉，也沒有兩個完全一樣的人。從某種意義上說，也正因為人都有自己不同的個性，才使人的世界變得如此錯綜複雜，多樣豐富，五彩繽紛。世上的事情，但凡錯綜豐富些，便有味道，便耐人思想，耐人品咂。如果這個世界上的人都如一個模子鑄出來的，那這世界和我們的人生一定如涼白開水一樣寡淡無味。但人也有可以相通的地方。

比如我們不必看清腳樣就去做鞋子，也不會把鞋做成筐子，就因為人的腳除大小區別外，形狀總是大體相同的。擴大了說，人的口舌對於味道，總有一些相同的嗜好，人的耳朵對於聲音，也都有大體相同的聽覺，人的眼睛對於容色，也必有大致相同的美感——人的器官對於外物的感覺總是有可以相通的部分。

豈止人的感觀對外物的感覺可以大體相通？事實上，人的心靈在體察外物時，人的思維在理解事物時，也是可以大體相通的，比如我們都不會認為騎著自行車在馬路上橫衝直撞是一種明智的行為。

正因爲人有相通，才使人與人之間有可能相互溝通，才使人與人之間有隔膜也可以達於理解。正因爲人有相通，才使人類有爭鬥也可以解決爭鬥，有分歧也能達成聯合。正因爲人有相通，才使人類可以共同擁有這個已經開始變得十分擁擠了的世界。相反，如果人只有各自特異的個性而不存其可以相通的部分，這世界也許每時每刻都會處在糾紛與衝撞之中，人類也將因爲這糾紛與衝撞，而無法完成任何一件哪怕極微不足道的事情，人的世界也會是一片混亂而不成體統。

也正因爲人有相通，可以相通，我們也就可以將心比心，而且也應該能夠將心比心。

能夠將心比心，我們才可以比較容易地與人溝通，我們可以更好地認識自己，由此也能眞正理解別人。

能夠將心比心，我們看事衡人才能保持一種公正通達的心態，才能眞正準確地察人識人，才不會做出悖於常識的判斷。

不可與小人謀

雞鳴即起，努力行善的人，是舜一類的人物；雞鳴即起，努力求利的人，是跖一類的人物。要知道舜和跖的區別，沒有別的，也就是行善和求利的不同罷了。

——《孟子・盡心章句上》

自己殘害自己的人，不能和他談出有價值的言語；自己拋棄自己的人，不能和他做出有價值的事業。出言破壞禮義，就是自己殘害自己；不能以仁居心，仗義而行，就是自己拋棄自己。

——《孟子・離婁章句上》

小人行事

這種人既不自知，也不知人，因為利慾薰心，不僅長在臉上的眼被放大的利慾遮住，實際上心裡的竅也被糊住。

齊國有一個人，每次外出，都吃得飽飽地，喝得醉醺醺地回家。

這人家裡有一妻一妾。每次這人回家，他的妻子便問同他一道吃喝的人是誰，而每次他都說是一些有錢有勢的人請他。

他妻子對他的妾說：「丈夫外出，總是吃飽喝足了回來，問他同一些什麼人吃喝，他又總說是一些有錢有勢的人，可是我們卻從來沒有見過有什麼顯貴的人到家裡來過。我準備暗暗跟踪他，看他究竟到哪裡去吃喝。」

第二天清早，丈夫又出門，妻子便尾隨其後，去看個究竟。她發現，走遍全城，也沒有一個人同她丈夫站下來說話。最後她跟著她丈夫一直走到東郊外的墓地，只見丈夫走到那些祭掃墳墓的人面前，討了些殘菜剩飯，吃了不夠，又東張西望，四處尋找可以乞討的人。妻子終於明白了丈夫每次外出都能吃飽喝足的原因。

妻子回到家裡，便把這情況告訴了妾，然後兩個在庭中相抱咒罵痛哭，並哭訴說：「丈夫，是我們指望終身依靠的人，誰知他竟是這樣！」

丈夫並不知道這情況，吃飽喝足，又興沖沖地回家了，見妻在庭中痛哭，還端起一副丈夫的架子擺威風。

其實，生活中有許多趨官求利的人也就如這位丈夫一樣。

——這種人常有一副可憐相、奴才相，因爲他們隨時準備爲自己希求的微末小利而哈腰乞求；

——這種人常會拉虎皮做大旗，借別人抬高自己，甚至借死人裝點門面，因爲他們有時也需要唬人，自身卻又實在沒什麼可以唬住人；

——這種人既不自知，也不知人，因爲利慾薰心，不僅長在臉上的眼被放大的利慾遮住，實際上心裡的竅也被糊住。

不用說，這種人很愚蠢，也絕對靠不住。

好好先生不可交

好好先生見人說人話，見鬼說鬼話，四面討好；好是好，不好也是好，八面玲瓏。

識人很重要。

生活中有許多不同的人。

有賢德中行之士。賢德中行之士志行高潔，行止有度，襟懷闊大，趣味高雅，嚴於律己，寬以待人，與人交往，有長者風範。不過這種人很難得。

有狂放狷介之人。狂放狷介的人，是那些總是不滿於現狀，不滿於自己周圍環境的人。他們之所以不滿，是因爲他們心中總是把生活理想化。用理想的標尺衡量人事，人事自然不免多人間煙火薰染的世俗氣，自然多有不入眼，不被接納的方面。其實這種人還是多思進取的人，而且行事取捨，也是有爲有不爲，界線分明——他們不屑於做壞事。這樣的人，往往不被人理解。

還有一種人，就很討厭了，這種人就是那種四面討好，八面玲瓏的好好先生。

好好先生討厭，首先在於這種人難識別。

狂放狷介之人難以被人理解，難於與人相處，這大概是實在的。但這種人不屑於做壞事，也不屑於掩飾自己，他們以自己的本色待人，並不怕被人看成怪異，也不怕別人說他口出狂言，接不接受是你的事，我反正還是我，性情還是眞性情，長處和弱點是玻璃對眼鏡——亮對亮，這種人實在也不失其可愛。唯利是圖的小人可惡，但這種人無恥到極處，常常也並不掩飾自己的無恥，有利可圖便無所不用，並不在如何掩飾自己的眞實意圖上去費力傷神。這種人往往不必你去看穿，他自己就會把他的卑鄙無恥證明給你看。這種人好識別。

好好先生卻不這樣。

好好先生見人說人話，見鬼說鬼話，四面討好；好是好，不好也是好，八面玲瓏。

這種人，你要指摘他，卻找不出他的什麼大錯；他壞了事，你要責罵他，卻又總覺得無可責罵。他同流合污，卻總是一副忠誠老實相，處事行動總貌似公允平和。

這種人永遠有理。

永遠有理的人往往也是最能壞事的人。

這種人總是能以他的似是而非討得別人的歡心，而他又總能在不知不覺中把水攪渾。他能在會議桌上把一件該辦且要急辦的事弄得永遠議而難決，無限期的拖延下去，他還可以在是非面前讓無理得意暢行而無所顧忌，讓有理蒙受冤屈而無處告訴。這種人是賊害道德的人，也是君子所不齒的人。

所以，孔老夫子說：「路過我們門而不進我的家，我一點都不感到遺憾的，只有那種好好先生。」

不可與小人謀

不可與小人謀，越是小人，越善於偽裝，越容易讓人上當。

逄蒙是后羿的隨從和學生，他向后羿學習射箭，在完全獲得了后羿的技巧以後便把后羿殺了，因為他知道天下人只有后羿比他強。

孟子說，這裡面也有后羿的錯，不過只是與逄蒙相比錯小一些罷了。

孟子說后羿也有錯，並不是孟老夫子是非不明，良莠不分，糊塗人斷糊塗事，圖個簡單，免得傷神。

孟子有孟子的道理。

他講了一個故事：鄭國曾經派子濯孺子去攻打衛國，打敗了，便逃跑，衛國派庾公之斯追擊。子濯孺子說：「今天我的病發作了，拉不了弓，我活不成了。」又問給他駕車的人說：「追我的是誰呀？」

駕車的人回答：「庾公之斯。」

子濯孺子便說：「我死不了啦。」

駕車的不明白：「庾公之斯是衛國的名射手，他追您，您反說您死不了啦，這是什麼道理呢？」

子濯孺子回答說：「庾公之斯是跟尹公之他學的射箭，尹公之他又是跟我學的射箭，尹公之他是個正派人，他所選擇的學生、朋友一定也正派。」

庾公之斯追了上來。

庾公之斯見子濯孺子端坐不動，便問道：「老師爲什麼不拿弓呢？」

子濯孺子說：「我今天病了，拿不了弓了。」

庾公之斯便說：「我跟尹公之他學射，尹公之他又跟您學射。我不忍心拿您的技巧反過來傷害您。但是，今天我追殺您，是國家的公事，我也不能完全放棄。」於是，庾公之斯抽出箭，在車輪上敲了幾下，把箭頭敲掉，用沒有箭頭的箭向子濯孺子射了四下，然後回去了。

人是複雜的。人上一百，形形色色，這形形色色中有賢德正大的君子，自然也不乏卑鄙無恥的小人。

卑鄙無恥的小人心狠手辣，可以壞事做盡，他們沒有善惡的區分，也無所謂道德良知，為了自己的私利，甚至可以殺父弒親。

而且，越是小人，越善於偽裝，越容易讓人上當。雖然偽裝總會被揭開，假相最終難以長久，但有時等我們認識到他們的廬山眞面目時，往往已經為時已晚。所以，應該記住，不可與小人謀。

以正壓邪

人世間，有正必有邪，但邪不壓正，惡有惡報，也是世道的必然。

小人終歸是小人。

小人沒有善惡觀念，沒有人情義理，無法無天，乃至喪盡天良。行動取捨，一切以利為軸心，趨利可以忘義，為利可以無所不為，一有機會，他們便攪亂天下，危害國家，殘害忠良。

而且，這樣的人也並不都是愚夫笨伯。他們精於察言觀色，見縫插針，善於當面一臉笑，背後下絆子；他們善於等待，也善於抓住時機，時機不到，他可蛛絲不露，時機一到則決不手軟。他們還長於抓住別人的弱點，害起人來往往能致人於死地。

俗話說，賊是小人，智過君子，這話實在不無道理。

這種人叫人防不勝防，但又不能不防。粗心大意，不以爲意，便有可能遭殃。那麼，如何去防呢？

一是端正自身，二是順其自然。

人世間，有正必有邪，有君子必有小人，邪可能一時占上風，小人也會有得志的時候，但邪不壓正，惡有惡報，也是世道的必然。由此觀之，只要我們自身端正，小人終究是蓋不過君子去的。而且，能夠自己行爲端正，是不是一定要遠小人，近君子以求自保，也都在其次了。

魯國大夫柳下惠並不拒絕在惡濁的國君手下做官，立於朝廷也不隱藏自己的才能，自己遭遺棄也不怨恨，窮困也不憂愁，同小人相處，也不一定要離開。他說：「你是你，我是我，你縱然在我身邊赤身露體，又哪能沾染我呢？」

孟子很欣賞柳下惠的作派，以爲看柳下惠風節行止，胸懷狹小的人也會變得寬大起來，爲人刻薄的人也能厚道起來。

這是從我們自身方面說。

從以正治邪，除惡揚善方面說，不得之順其自然。應該知道，說邪不壓正，惡有惡報，都是從人事演進的最終結果看的，具體到一時一事，卻常有不同的情況。嗜殺成性的屠夫不可能旦夕之間放下屠刀，立地成佛，從邪作惡的小人不可能轉眼之間棄惡從善成爲君子，對於奸邪小人的懲治需要隨時日遷延、事物發展，在文明的化育中完成，這本來就是一個事物發展的自然過程。

因此，面對小人，我們也不妨取一種自然的態度，內心虛靜空明，外表平淡隨分。虛靜空明，便可心明氣清，於靜觀默察中了然小人的作爲而不受欺騙；平淡隨分，便能不急不躁，隨勢而化而不給小人以可乘之機。

能如此，便可馭險制惡，自在安然。

行事篇

行事之度

楊子主張為我，拔一根汗毛而有利於天下，都不肯做。墨子主張兼愛，磨禿頭頂，走裂腳跟，只要有利於天下，一切都肯做。子莫主張中道。主張中道便差不多了，但主張中道如果沒有靈活性，不懂得變通之法，那也是執著於一點。人們厭惡執著於一點，就是因為它有損於仁義之道，只是拿起了一點而廢棄了其餘的緣故。

——《孟子・盡心章句上》

現代人追求自由。

但是，應該知道，並不存在沒有條件的絕對的自由。所謂自由，只能是一定條件之下的自由。

這樣說，有其道理，有其委屈。

因此，我們不能不顧條件，不能不適可而止。

萬物有度

度使萬物有序，使萬物各有其實，各安其位，使世界成其爲世界。

黃帝時的離婁，目力極強，能於百步之外看清秋毫之末。

春秋時的魯班，技藝極高，被尊爲百工之祖。

但是，如果不用圓規和曲尺，即使把離婁的目力和魯班的技藝合起來，也是畫不出圓和方來的。這就是不成規矩，無以成方圓。

引申開來，這規矩，便是法度。

世間無論哪一種事物都有度，都須適度。過度便成稀罕，便成怪物，過度便不成其爲它該是的東西，便不成體統。

比如常見的家鼠，就該是那麼小模小樣，再大也總不該大過一隻壯貓。正因爲如此，家鼠雖是可惡，卻也並不能使人駭怕，除這人本身就膽小如鼠。假使家鼠超常過度生長，壯大如一頭小豬，那情形又該如何呢？恐怕見到的人多半會如見怪物，扭頭便逃，甚至目瞪口呆，連逃都忘記了。

再比如草就是草，即使是肥沃而無人踐踏的荒地上的茅草，任其往高裡長，大約也不過就是高過兩米吧，而且無論如何，它的莖也仍然是纖細的，可以隨風倒伏的草莖。如果有一種草長高可參天，粗可盈尺，那它大概是不該被叫做草，而該叫做其他什麼的。

度是個很重要的東西。度使萬物有序，使萬物各有其實，各安其位，使世界成其爲世界。它使我們居住於其中的這個地球上的一切有生命和無生命的東西，都能各得其所，生生不息，變動不居而不失其本。這也正如因爲鼠小而使貓成爲它的天敵，草蓋不過樹去而使草和樹能各自相安無事一樣。

人事之度

人事之中也無處不有度。人事之度調節了人倫關係，形成了社會的正常秩序，也保護了我們自己。

所以，對於我們每個人來說，立身行事，都要想到這個度，都要有一個度，要做到適度。

戰國時期有一個研究神農氏學問的人，主張市場上的物價都應該一樣，他以爲這樣便可以使社會公平，可以消除欺詐。

孟子認爲恰恰相反，按照這一主張行事，是率領大家走向虛僞。因爲市場上的各種貨物，品種質量都不一樣，它們的價格自然就有幾倍、十幾倍，甚至幾十倍的差別，這是事物自然形成的秩序，漫天要價，價不稱物，那是過度，也叫過分，不顧理序，不同貨物都一個價，那是失度，假如一定要使它們一致，必然擾亂天下。

人事之中，行動取捨都不可失度，失度便會亂套，便會壞事，便會受到懲罰：

飲食無度，便會傷身；

荒淫無度，必致誤國；

貪婪無度，可能招來殺身之禍；

玩笑無度，會傷感情，有時甚至在無意中與人結怨。

我們常說人應該是自由的，其實，從人立身處世的行爲方式看，這自由，歸根到底，還是度中的自由，也只有在度所圈定的範圍內，我們才能享受自由。

譬如在馬路上，行人只能在人行道上才能輕鬆漫步，機車也只能在機車道上才能自由奔馳，機車道與人行道之間的分界不允許隨意打破，行人和機車駕駛員都必須接受這分界的約束，這分界也使行人和駕駛員能在各自的範圍內享受到自由，假使機車也可以衝到人行道上來，或行人也想到機車道上去「瀟灑」，到頭來，也就誰都沒有了自由。

適度

適度的根本，也就在於要依理循序而行，依事物的自然規律而行。

因此，行動取捨，應該時刻記住要適度。

度，說穿了，就是限度，這限度，也就是由事物的自然理序和內在規律所決定的必要的規則和法度。

所以，適度的根本，也就在於要依理循序而行，依事物的自然規律而行。

從前宋國有一個人，擔心禾苗不長，便去一根一根往高拔，回家還喜孜孜地對家人說：「今天可把我累個半死，我幫助禾苗生長了。」可是等到第二天再到地裡一看，禾苗都已經蔫死了。

天下種田人沒有不希望禾苗盡快生長的，也沒有不幫助禾苗生長的，這個宋國的人希望禾苗長得快些自然是不錯的，但他在做法上卻違背了禾苗的自然生長規律，這也就是過分，因此他的做法不僅沒有任何助益，相反還落了個適得其反。

俗話說，有毒的不吃，犯法的不做。有毒的不吃，是因爲吃了要死人；犯法的不做，是因爲做人就要受制裁。這就是常理，違背了常理，就會失度，就會壞事，甚至好心做成壞事，好事也變成了壞事。

同攔路搶劫或入室偷竊的壞人搏鬥，保護自己或他人免受侵害，這是好事。可是，如果你已經制服了對方，使他失去了繼續反抗和侵害的能力，還要在他致命的地方來兩下，將其致於死地，這就是過分，法律上講，叫「防衛過當」。因爲按常理，只要制服了對方，也就算達到了目的，剩下的就是執法機關的事了。法律規定防衛過當，也是要負法律責任的。

所以，聰明的人總是行止有度。行，行於其所當行；止，止於其所當止。對自己，不放縱，不任意；對別人，不挑剔，不苛求；對外物，不耽戀，不沈溺。得享受時便享受，得付出時便付出，依理而行，循序而動。如果必須，做得天下，若非合理，毫末不取。

人達到此一境界，怕是不要到七十，也能心隨所欲而不逾矩了。

度與通變

行於其所當行，止於其所當止，這行止之間，應該包含有依客觀情勢靈活應對的選擇。

孟子與淳于髡有一段很有趣的問答。

淳于髡問孟子：「男女之間不能親手遞接東西，這是禮制規定的嗎？」

孟子回答說：「是禮制規定的。」

淳于髡於是又問：「那麼，假如某個人的嫂嫂掉到水裡去了，他用手去拉她可以嗎？」

孟子說：「嫂嫂掉到水裡去了，不去拉她，那簡直是豺狼。男女之間不親手遞接，這是正常的禮制，而嫂嫂掉進水裡，用手去拉，這是變通的辦法。」

萬物有度，諸事有理，行事須適度。

可是，此一時彼一時。大千世界，種種色色，物無定常，事亦多變，理、度一定，我們每天所遇的情境卻絕不相同，以不變之理，應對百變之事，不知依具體情況加以變通，這樣的人不被看作傻瓜，至少也是迂腐。

古代的楊朱主張爲我，拔根汗毛可利於天下都不肯做，這是過分。墨子主張兼愛，磨禿了頭頂，走裂了腳跟，只要對天下有利，什麼事都肯做，這也是過分。

說他們過分，是因爲他們都走了極端，認了死理。走極端，認死理，便是不適度，便不是聰明人。

魯國的賢人子莫主張中道，也就是不走極端。可是，主張中道而沒有靈活性，不懂得通變，也是一種執於一點的極端。

這實在有些玄乎。

其實，說穿了，適度也就在適度本身，就在於知其度而不拘泥於度，明其理而不迂執於理。

任何事情都有隨情勢變化而提出的相應的應對要求，依理循序而行，也就是要求我們能夠依據客觀情勢的變化採取相應的對策。一句話，聰明人行於其所當行，止於其所當止，這行止之間，本來就應該包含有依客觀情勢靈活應對的選擇。

打個比方。

人不應該說假話，這是常理，因爲說假話，做假事，於人有害，於己也不利。不亂喊「狼來了」，連三歲小孩都懂。

可是，兵書上又說「兵不厭詐」。誰也不否認這「詐」也就是做假，就是要用假情報、假動作、假陣勢，掩蓋眞意圖、眞動作、眞陣勢，而且掩蓋得越徹底越好。

這不說假話與「兵不厭詐」之間就包含著客觀情勢的不同，包含著由這不同而選擇的靈活應對。如果哪個帶兵的人認爲用兵用詐有悖常理，那他實在是眞不懂常理，這樣的人自然也是不可能打勝仗的。

人事之序

君主的工作就是治理國家，因此他不可能同時去從事耕作，這就是社會的分工。有官吏的工作，有小民的工作，只要是一個人，各種工匠的成品都是他所必備的，如果他用到的每一件東西都要求是自己製造的，那是率領天下人去疲於奔命。所以我說，有的人勞動心力，有的人勞動體力。勞動心力者治理人，勞動體力者被人治理，……這是天下通行的法則。

——《孟子•滕文公章句上》

諸事有度，諸事也有序。

序，就是秩序，理序。

立身處世，要知秩序。知秩序才能循序而進。

知序循序是明理。

人事之序

人事之序使社會成員能各安其位，各司其職，使人類社會成為一個環環相扣而又相輔相成的整體。

自然有自然之序。

一天二十四小時，一年三百六十五天，這是時間之序；東西南北，上下左右，相對相向，這是空間之序；月有盈虧，潮有漲落，這是天道運行之序；春花秋實，春種秋收，這是植物生長之序……

人事有人事之序。

工人做工，農民種地，軍人扛槍戍邊；國君治國，臣子輔國；做領導者的管理大政方針，做下屬的辦理具體事務……這就是人事之序。

立身行事，要知序循序。

楚國的許行到滕國，和自己的十幾個門徒穿著粗麻織成的衣服，以打草鞋、編席子謀生，以能自食其力爲樂，並據此指責滕國國君不懂事理。在許行看來，眞正賢明的人既要替老百姓辦事，還要和老百姓一道耕種才行。自己不耕種而要別人奉養，是不能算作賢明的。

一個叫陳相的人把這些話傳給了孟子。

孟子問陳相：「許行一定只吃自己耕種收穫的糧食嗎？」

陳相回答說：「是的。」

孟子接著又問：「那麼，許行一定自己織布才穿衣嗎？他戴的帽子也是自己做的嗎？他煮飯用的鐵甑都是自己親手燒鑄的嗎？他耕作用的鐵器也都是自己親手打製的嗎？」

陳相說：「都不是的。這些物品都是他用穀米、草鞋、席子等換來的。」

孟子說：「既是這樣，那就是許行自己不明白事理了。」

孟子這一連串的提問很妙。

老實話，許多很有些「大同」思想，表面看來，他的想法還是不錯的。但細究起來，他也確實還不眞正明理。

說到底，人事之序，實際上就是由社會成員的分工不同所形成的社會結構的自然構成法則，它使社會中的每一份子都各有其位，由此構成人的世界。

自然之序使自然萬物各有其位，各成其實，使整個大自然構成一個生生不息而又秩序井然的整體。

同樣的，人事之序使社會成員能各安其位，各司其職，使人類社會成爲一個環環相扣而又相輔相成的整體。

由此觀之，無論自然之序還是人事之序，其實都是一種必然，一種天道和人世運行的自許要求。你可以調整它，但不可打亂它，更不可廢棄它，。正如社會的治亂，說到底，社會的亂，就是亂在失去秩序，而治也就是恢復它的秩序，或者說建立起新的、更符合社會發展要求，更符合人情人性道理的秩序。

人事的互補

諸事有序，有序方能互補，互補方能互成，互補互成，社會才正常運行。

正如農民種地，供應工人吃飯穿衣，工人做工，供給農民必要的生產生活資料。互補的雙方缺一不可，缺了任何一方，社會這部大機器都會停止運行，或者說無法正常運行。

這道理一般人都懂，而且也都能接受。但孟子的一種說法，許多人卻不能接受。

孟子說，有的人勞心，有的人勞力，勞心者治人，勞力者治於人。

孟子這幾句話，以前屢遭批判，現在來看，大概還是很刺眼。

其實，仔細想想，孟子說的還眞就是那麼個道理。

從我們個人情況看，材有愚拙，德有高低，能有強弱，力有大小，因而每個人只能得其位而用。

從社會的構成來看，既需要勞力者，也需要勞心者，勞力者有勞力者的職責，勞心者有勞心者的義務，這勞心與勞力之間的關係，與工人做工、農民種地之間的關係，實在也並無大區別，說白了，也不過是一種互補互成。

說點歷史。

當堯之時，天下還很不安定，大水成災，洪荒四溢，草木生長茂盛，穀物卻沒有收成。而且鳥獸成群地繁殖，到處都有它們的足跡，它們糟蹋莊稼，危及人類。堯很爲此憂心，於是選拔舜總領治理工作。

舜任用伯益掌管火政，任用大禹掌管水政，伯益放火燒荒，驅走鳥獸，大禹疏浚九河，引流入海，終於使天下安定太平。

不用說，按勞心與勞力的區分，堯、舜自然是勞心者，伯益、大禹自然該算勞力者，據說大禹治水，三過家門而不入，其緊張勞累是可以想見的。但當時以堯、舜的勞心和伯益、大禹的勞力，終於使鳥獸逃遁，禾稼有收，使江河暢流，水患不興，這勞心與勞力之間的孰主孰次，孰重孰輕，實在是很難區分的。

不用說，相對於伯益和大禹，伯益、大禹是勞心者，百姓民衆自然又是勞力者，伯益、大禹以他們的才智制定治獸治水方略，百姓民衆以他們的拚力勞作使這方略得以實施，伯益、大禹由此而獲得政績，百姓民衆也因此而安居樂業，這勞心與勞力之間，實在也很難分出主次輕重。

由此看來，勞心者治人，勞力者治於人，說穿了，也就如說領導者管理下屬，下屬應該服從管理。在上者勞心，在下者勞力；但勞心者也須勞力，勞力者也要勞心。這事情本來不那麼絕對，理解也不要那麼死。孟老夫子無非說得簡捷了些，但理解的人都須作情度理，則情理也盡在其中了。

各安其位、各盡其責

每個人都是這世界秩序中的一個環節，人在社會中各有其位，也要各安其位，才能各盡其責。

人事之序，不過也就是由社會需要形成的社會成員的不同分工罷了。這之間，有分工的不同，有個體佔據的位置不同，有個體在自己所屬位置上應盡的職責和義務的不同，但卻沒有所謂的高低貴賤的不同。

而且，從社會的整體運作看，無論勞力或勞心，無論管理人或被人管理，都是同等重要。

世界由人構成，世界是人的世界。

從這個角度看，人生而平等。每個人都擁有自己的世界，每個人都是這世界秩序中的一個環節，都是這世界的一個份子。歸根結蒂，你缺不了我，我也少不了你，正如將軍少不了士兵，國君少不了百姓，沒有了士兵和百姓，將軍便做不成將軍，國君也不成其爲國君。

這道理我們應該明白。

明白了，我們便可以知道，人在社會中各有其位，也要各安其位。各安其位，才能各盡其責。

就我們個人情況看，才智德能有高低強弱的差別，這也是一種必然，我們也應該能夠各安其位，各盡其責。

才智出衆，便做大事，便可以去領導人，管理人。領導別人、管理別人，也並不一定就榮耀顯貴，並不一定可以居此傲人，因爲，說到底它不過是一種社會分工，不過是一種社會必要的人事安排。

德能不足，才力不夠，也就被人領導，服從管理。被領導和被管理也並不低賤卑下，因爲這也是社會的必要安排，也必不可少。即如掃街挑糞，也自有它可尊可貴之處。不用說，一個城市如果缺少了環衛工人，無論它多麼現代化，都是難以存在下去的。

換個角度看，我們來到這個世界上，爲何一樣是人，偏偏材資有不同，能力有強弱？

這問題，有時眞還說不淸、道不明。宿命地看，也只能叫「天生我材」。上天既然讓我們降生到這個世界上，這個世界自然就有屬於我們的位置。站到了自己的位置上，我們便進入了社會，便補上了該我們去補的那個環節，我們以我們的「天生」之材去爲社會效力，我們隨社會的運轉而行動，由此，我們也完成了我們自己的責任，我們才成爲我們自己，才有了我們自己的人生。

如此思之，偉大的人，或身居顯要的人，其實也不過是如我們一樣的普通人，而能眞正明白這一道理的平常人，也自有它偉大之處。何況，偉大與平常即便作爲一種位置也在變化呢？

殊不知，三十年河東，四十年河西！

循道而行

得道，同時就能得到很多人的幫助；失去道，也就失去很多人的幫助。幫助的人少到極點時，連父母親也會反叛他；幫助的人多到極點時，全天下的人都會歸順他。用全天下都歸順的力量來攻打連親人都反叛他的人，那麼，得道的君子或者不用戰爭，若用戰爭，他必然會勝利。

——《孟子‧公孫丑章句下》

這裡，我們想說說道。

道家講道，儒家也講道。古人講道，現代人也講道。論事辯理講「道理」，立身做人講「道德」，行動處事講「道義」……做人有做人之道，為官有為官之道，理家有理家之道，治國有治國之道，經商有經商之道，學問有學問之道，處處有道，時時不離道。

可見，道也一定有它應講、該講，不可不講之道。

循道而行

立身處世，需循道而行。你可以依循自然的規律，使它更好地運行，更好地為你所用，但不能違逆了這規律去改變它。

道是什麼？

道就是不應忘記，必須遵循的事物發展的必然規律，就是世事運行的必然規律。說得簡明些，道就是理，就是道理。

就事物的客觀性來說，它的內在規律就是「道」，從人的行動處事來說，人依循事物內在規律而行就成「理」。這大概也就是為什麼我們總是愛把道和理放在一起說的一個很重要的原因。

由此看來，從自然到人世，當然也就無處不有道了。

自然有自然之道。

春種秋收，夏雨冬雪；月亮繞著地球轉，地球繞著太陽轉；離離原上草，一歲一枯榮；貓吃老鼠，老鼠偷食；鹵水點豆腐，一物降一物。

這便是自然之道，是自然運行的規律。你可以依循自然的規律，使它更好地運行，更好地為你所用，但不能違逆了這規律去改變它。硬要改變它，你就要受到懲罰。

大自然懲罰人類是從來不講情面的。

比如移山填海，從增強人類自信心的角度說說可以，真要去做，就會惹麻煩。生態平衡被打破，就會有洪水，就會有地震，就會有瘟疫。這樣的教訓已經很多了。

事實上，自然規律不可抗拒，也無法改變。夏天來了天要熱，冬天來了天要冷；長江向東注入東，就都由不得我們做主，也不是我們可以改變的。

所以，順天者存，逆天者亡。

順天就是順道。

人世之道與自然之道是相通的。社會的發展，人事的運作，也無處不存道，無處不有規律在。大至治國，小到理家，都有道，都須得道。得道便能招來眾人的幫助，失道便會眾叛親離，得道便能獲得成功，失道就會失敗，或者說最終會失敗。

所以，道不可不講，道不可不察，道不可不有，道不可不依。

立身處世，需循道而行。

能明白道的人是智者，不僅明白，而且能身體力行的人，就是聖人，這樣的人，就是得天下也是可能的，比如堯、舜。

這是「道」的一個方面的涵義。

道是人道

道是人道，以人為重，方是根本。

道的另一個涵義，簡單地說就是人道。

道家講道，強調道可悟、可神會，但不可言傳，不可口授。比如莊子就說，道是無處不在的，但不可說，說出來就不是那個道了。這有點玄，也費琢磨，一般人也難以領悟。

儒家講的道很實在。比如孟子就說：「仁和人合起來就是道」，而且「仁就是人」。推論下去，仁和人合起來，也就是人和人合起來，這等於說，道就是人道。道即人道，這很重要。

世界是人的世界。世間萬事，唯人爲大。我們常說，要使世界變得更美好，也就是要使人變得更美好，使人的生活變得更美好，這就是最根本的人事之道，其他所有的道，都必須由此道而來，只有遵此道，才成其爲道，才是正道，否則，便是歪門邪道。

例如為官之道，說穿了，也就是做人之道，為人之道。德才兼備，為政清廉，不貪贓枉法，不徇公為私，做清官，實際上是做好人。先天下之憂而憂，後天下之樂而樂，為民請命、為民解憂，實際上也就是要成就使天下百姓安居樂業的事業，也就是為人。相反，如果忘了做人，忘了為人，眼裡只盯著頭上的烏紗，便是失了為官之道，做官做上了邪路。

再如經商之道。

在商言商，賺錢自然是一個目的。不想賺錢，就不必經商，賺不來錢，也不能做商人，賺不來大錢，便不是成功的商人。但商道也是人道。

經商之道首先是做人之道。一心鑽進錢眼裡，為了錢坑蒙拐騙，傷天害理，便是奸商，奸商與奸詐無恥等值。

經商之道也是為人之道。錢財身外物，自然應該被人役使，被人用來為人服務。人使錢，錢能生錢，錢使人，人便成非人。

經商之道還是識人之道。賺錢是賺別人的錢，不識人，不知人，自然賺不了人。所以，歸根結蒂，道是人道，以人爲重，方是根本。

治國爲政，要行仁政；立身處事，以人爲本。低頭無愧於人，方可抬頭無愧於天，方能半夜不怕鬼敲門。

得道於心

得道在於心得，在於自己用心去領會它的妙處。心領神會了，也就得到它的奧秘了。

道可得而不可求，要得道於心。

孔子與老子生於同時，據說孔子很敬重老子，曾專程去拜會老子，請老子給他講道。

老子對孔子說：「你想學道也不是不可以，只是你先得去除雜念，洗滌身心，淸靜精神，心意專誠，只有這樣，你才能領會道。」

爲什麼?原因很簡單，因爲得道在於心得，在於自己用心去領會它的妙處。心領神會了，也就得到它的奧秘了。

老子講的道，自然是老莊之道而非孔孟之道，老莊講道在悟而不在學，這我們都知道。

但是，老莊之道在悟，在心領神會，孔孟之道也在悟，也在得道於心。

從人的修養看，得道立德本就不是爲了給自己弄一套外包裝，而是人的自我完善所必須，只有讓那所探求的對象化爲自己身心的一部分，它才能眞正成爲修養我們的心性的源泉。

從人的行事看，即使最一般的理事成事之道，也當有心領神悟，知其然亦知其所以然，方能眞有所得，所得才是精髓。無心領神會，也可能有所得，但所得只能是皮毛。

皮毛之技不足以成事，有時甚至會壞事，以至害道。

魏國相國白圭，學過治水之法。有一次他向孟子炫耀：「我很懂治水，我的方法恐怕要勝過大禹哩。」

孟子聽了全不以爲然，冷笑著說：「算了吧，你那難道叫治水嗎？大禹治水，是順乎水的本性而想出的辦法，把水引入河道，放流於四海，徹底免除水患。而你做的不過是修堤補漏，保全自己，以鄰爲壑，加害於人罷了。你這治水之法，爲仁人所不齒。你有什麼可誇耀的呢？」

以鄰爲壑，損人利己，自然是無道。

所以，孟子還說：「君子以正確的方法得到高深的造詣，就是要求他自覺地有所得。自覺地有所得，就能牢固地掌握它而不動搖，這樣就能積蓄很深。積蓄得深，便能取之不盡，左右逢源。」

事在人為

面前擺著一根羽毛，卻說自己拿不動它，那只是不肯用力氣的緣故；面前有一車柴草，卻說自己沒有看見，那只是不肯用眼睛的緣故；老百姓得不到安定的生活，那只是做國君的不肯施予仁德的緣故。國君不以仁德的治來治理天下，那並不是不能做，而只是不肯做。

——《孟子・梁惠王章句上》

人要有所不為，然後才可以有所為。

——《孟子・離婁章句下》

人生在世，確實有許多我們不能做，也做不到的事，但是，也有許多我們能做而且也做得到的事。

一個人，對於那些能做而且做得到的事，如果不去做而只說自己不能做，那他至少不是一個可以信賴的人。

事在人爲

人生在世，有許多我們該做、必須做的事。

但許多時候，恰恰是這些該做、必須做的事，我們卻沒有做。

而且，這些該做的事沒做，常常並不是我們做不到，而是因為我們不肯做。

有一次，齊宣王問孟子：「像我這樣的人，能使百姓生活安定嗎？」

孟子很肯定的說：「當然能夠。」

宣王又問：「憑什麼知道我能夠呢？」

孟子說：「聽說你不忍心將一頭在你面前發抖的牛屠宰了祭，憑這樣的好心就可以使百姓生活安定。」

宣王說：「可是我用一隻羊代替了那頭牛，老百姓還以此說我吝嗇呢。而且，我爲什麼這樣做，以及這樣做與王道有什麼關係，我也說不出個所以然來。」

孟子說：「百姓說你吝嗇，這也並不奇怪，畢竟牛大羊小，你是用小的代替了大的。老百姓這樣誤解你，也沒什麼關係。王這種不忍看牛被殺的心，正是能使百姓生活安定的仁愛之心。」

「爲什麼這樣說呢？」

「道理就在於，王親眼看見了那頭牛，而沒有看見那隻羊。王的仁愛之心怎麼會自己看不見呢？假定現在有個人向王報告：『我有舉起三千斤的膂力，卻拿不動一根羽毛，我的目力可以秋天飛鳥的細毛看得分明，但一車擺在我面前的柴草卻看不見，』王肯相信這樣的話嗎？」

宣王說：「當然不會相信。」

孟子接著說：「如今王的好心好意足以使動物沾光，卻不能使百姓得到好處，這難道與前面那個人有什麼不同嗎？」

實在沒什麼不同！

如果讓一個人挾起泰山躍過北海，這個人說「我做不了」，那眞做不了，是不能做。

相反，如果讓這個人給一位老人折取一根樹枝，他卻說「這我做不到」，這便是不肯做，而不是不能做。

同樣的道理，一個力能舉鼎的人說自己拿不動一根羽毛，那只是他不肯花力氣的緣故；

一個目力能見秋毫之末的人說自己看不見擺放在面前的一車柴草，那只是他不肯用眼睛的緣故；

老百姓得不到安定的生活，則是治國爲政者不肯施行仁德的政治的緣故。

所有這一切，都並不是不能做，而只是不肯做。

謀事與成事

謀事在人，成事也在人，有成事的願望遠遠不夠，還應實實在在地按成事之道去做，才會有實效。

謀事在人，成事在天，這是一句俗語。

這句俗語說的是，做什麼和怎麼做，可以由我們自己決定，但能不能做成，則是由客觀情勢來決定，要看天時地利，要看時勢機遇。這話有道理。

有道理，但不能絕對。

歸根到底，要成事，也在於做。只謀不做，光想不做，終究也做不成事。畫在紙上的藍圖不會自己變成高樓大廈，打好的腹稿要寫到紙上才成文章。說破了，事只有做，才會成，才有可能成。成語說「事在人爲」，就是這個意思。

只做不謀是莽夫，莽夫有時會把事情辦糟，但總還可能成一點事；而只謀不做則是懶漢，而懶漢則永遠也不可能成事。

謀事在人，事在人做，這謀和做，其實是一個問題的兩個方面。要成事，就必須做事；要做事，就必須知道怎麼做，這便需要謀事。

要做事，做實事，同事也要做到點子上，兩下合一，也就可以成事。

在這裡，人是主動的。即使說成事在天，在時勢機遇，說穿了，這時勢機遇不僅在於人去認清，更在於人去捕捉，在於人去因勢而動，依理而行。

孟子在魏國時，有一次惠王問他：「我對於我的國家也算費盡心力了。河內受災，我就把那裡的百姓遷到河東，同時把河東的糧食運到河內；河東飢荒，我也用同樣的辦法，我曾考察了別國的政治，也沒有誰比我更盡心的，爲什麼他們國家的百姓不見減少，而我的百姓也不見增多呢？」

孟子認爲惠王只是如此這般，就不用想把國家治理得比別國更好。

爲什麼？因爲惠王只依了天時來行事，而自己該做的卻沒有做。

孟子說，做國君的本來應該盡力使百姓休養生息，安居樂業，可是現在卻是富貴人家的豬狗吃了百姓的糧食卻不加以制止，道路上有餓死的人也不開倉賑民，竟然還說「這不是我的罪過，這是成年不好。」這與拿刀子殺了人，卻說不是自己殺的，是刀子殺的有什麼不同呢？做國君的假若不去歸罪年成，而眞正動手改革政治，行仁政，才能眞正治理好國家。

孟子的意思的一個重要方面就是：謀事在人，成事也在人，有成事的願望遠遠不夠，還應實實在在地按成事之道去做，才會有實效。而如齊宣王這樣，實在有些痴人說夢。

動機與效果

好的動機，只有在好的效果中才成其為好動機，動機是在效果中最後得到規定和顯現的。

要做實事。做實事還要注重效果。

孟子和他的學生彭更有過一次很有意思的答辯。

答辯是由學生對老師提出批評引起的。彭更認爲孟子從一國到另一國，跟隨的車有幾十輛，跟隨的人有幾百人，這太過分了。因爲讀書人不像木匠車工，木匠車工的動機本就是爲了謀食，而君子研究學術，推行王道，動機不在謀食，讀書人不工作，吃白飯，這是不可以的。

孟子反問道：「這麼說，你是以動機來論該不該給飯吃了？」

彭更答：「論動機。」

孟子說：「如果這裡有個匠人，把屋瓦打碎了，在新壘的牆上亂畫，他的動機也在於謀食，你給他飯吃嗎？」

「不。」

孟子緊接著說：「那麼，你仍然在論效果，而不是在論動機了。」

孟子的意思很明白：論事不能光看動機，還應看效果。

其實，動機有時也還是要看的。譬如一個人犯罪，必然會有動機：或爲慾，爲因仇，或貪財，動機往往是一個人做某事或不做某事的心理動力，所以在罪案偵破和定性中，總有犯罪動機的分析。

但動機與效果又是兩回事，好的動機不一定導致好的結果，犯罪動機也不是犯罪實施，這兩者之間必須嚴格區分開來，因此，法律上也規定必須有可認定的犯罪事實才能給人定罪，只有動機認定是不能判人有罪或無罪的。同樣，即使沒有傷害別人的動機，但如果造成了事實上的傷害，也是要判罪的。

比如醫生治病救人，動機無論怎樣說都應該說是好的，除少數醫德極其敗壞者外，絕大多數的醫生恐怕都不會有意要把人治死。但是如果哪位醫生漫不經心或者疏忽大意，把不該死的人「治」死了，只要事實俱在，仍然要負法律責任，不然，《刑法》上就不會有瀆職罪這一款了。

所以，論事行事，都不能只看動機，還應該看效果，應該想到效果。好的動機，只有在好的效果中才成其爲好動機，動機是在效果中最後得到規定和顯現的。常聽人說：我的動機是好的，哪知道事情反而辦糟了，這話其實在許多時候都沒必要說。你有好的動機，這是事實，但事情沒做好，這也是事實，關鍵還在於去檢討和反省爲什麼會把事情辦糟了，以便眞正找到一個鑒戒。一味強調動機，甚至希圖以動機好壞的申辯來乞求別人的同情，於己無益，也於事無補。

做事要注重效果，這大概是不該忽視的。

有所爲，有所不爲

事成在做，事在人爲。但智者有所爲，也有所不爲。

智者之智就在於知其不能爲時不爲。

有所爲，有所不爲，首先是因爲人事中有許多事情並不是我們人力所能爲，所可爲。

譬如天要下雨，譬如是晴天就必有太陽，譬如太陽東升西落，這是天道，是自然規律，這自然規律就不以我們人的意志爲轉移，也不是人力所能改變。假如有人想指揮太陽，以爲可以讓它出就出，讓它落就落，或者可以讓它從西邊出來，從東邊落下，這樣的人不會有，如果有也只會被我們看作精神失常。

所以，眞正聰明的人決不做明知做不成的事，決不做自己做不了的事。換句話說，智者之智就在於知其不能爲時不爲。

百里奚是虞國人，後來到秦國做了卿相，幫助秦穆公成就了霸業。

百里奚當初在虞國時，晉人用美玉、良馬向虞公借路去攻打虢國。虞國大臣紛紛去勸說虞公不要應允，唯獨百里奚不去勸，因爲他知道虞公不會聽從任何勸阻，勸也是白搭。他並不死守在虞國，而去輔助秦國，是因爲他知道虞公無道，注定失國，而秦穆公才是一位可以與之有所爲的人。

孟子認爲，像百里奚這樣的人，才是眞正的聰明人。

有所不爲，則是因爲人事中有許多事我們不該爲。

其實，這不該爲與不可爲，說到底，大體上也就是一回事。人力辦不到的事，常常也就是我們不該做的事。比如自然規律無法爲人力所改變，實際上人也不該去改變它。硬要去改變它，就是違逆天道，人就會受到自然的懲罰。

不過，人事中也有許多事情，雖然是我們人力可以做到的，但卻是我們不該做的，做了也會受懲罰。比如掠人財物，比如欺凌弱小，人都能做成，而且也確有人做，都是人在做。但諸如此類，做了就失天良，做了就會喪失人的本性，做了就不成其爲人。孟子說了一句很憤慨的話，他說這樣的人連禽獸都比不上。

所以，不該做的事，也是智者有所不爲的事。

有所不爲方可有爲

有所不爲，才有可能有所爲。這本身就是一種人事運作的必然，行事成事的規律。

有所爲，有所不爲，關鍵還在於有不爲才能可以有所爲。不爲不是無爲，而正是爲了有所爲。

這就是不爲與爲的辯證。

人生一世，除去那些不可爲、不該爲的事，實在還有許多可爲、該爲的事。可是，不幸的是人生苦短。即使現在醫學發達，人的生命過程延長了許多，平均算來仍然也不過七、八十年。這七、八十年中，有六年頑稚，十年求知，髦耋之年需人服侍，更有每日三分之一時間要在床上度過，如此七折八扣下來，眞能做事的時光實在少得可憐。要想在這短暫如白駒過隙的可做事、能做事的光陰中，諸事不漏地什麼都做，實在不可能。

而且，我們人還有一個很大的不幸，那就是我們無法分身，我們總是心無二用。

任何人都無法同時做幾件事情。俗話說飯要一口一口地吃，事要一件一件地做，實際上，在大多數情況下，我們做一件事，同時也就意味著放棄了另一件事。

由此看來，有所爲即必有所不爲，或者說，只有有所不爲，才有可能有所爲。這本身就是一種人事運作的必然，這本身就是行事成事的規律。

因此，要有爲，必有所不爲。

有所爲，有所不爲，知可爲之事，知能爲之事，爲可爲之事，爲能爲之事；爲不失人道，求不失天良，這是識大體。

能識大體才能成事，才能成正事。

知可爲之事、能爲之事，還須知必爲之事。

知必爲之事，爲之爲之事，這是明輕重。

相反，爲不必爲之事，爲可爲可不爲之事，那是做無用功，是在徒然地消耗寶貴無多的生命。更可怕的是，那樣做還會亂了心智，誤了正事，終至於一事無成。

秦國有一個人，無名指受傷彎曲，雖不能伸直，但既不疼痛，也不妨礙日常勞作和生活，但他一定要使它伸直，最後不遠千里，從秦國走到楚國去找人醫治。

孟子說，這就叫不知輕重。

順其自然

天時不如地利，地利比不上人和。

——《孟子‧公孫丑章句下》

我們厭惡使用聰明，就是因為聰明容易陷於穿鑿附會。假若聰明人像大禹治水，使水運行那樣，就不必厭惡聰明了。大禹治水，就是行其所無事，順其自然，因勢利導。假若聰明人也能行其所無事，不違反自然之理而努力實行，那他的聰明也就不小了。

——《孟子‧離婁章句下》

人做事必想成事，必想獲得成功。恐怕沒有多少人眞的只顧做事，不想成事。

從事物發展的最終結果看，只做不成，那是做無用功，那實在也不是小事。

但是，應該記住——

成事須有條件

要成事，就必須有成事的條件。這些條件，很具體，很簡潔，也很實在，那就是：天時、地利、人和。

赤壁之戰，孫權於長江之上火燒連營，一役大敗曹操八十萬大軍，就必須有條件。

首先必須使曹操的戰船相連相鎖，成一連營。其次，曹操旣已中計，戰船相鎖，可以火攻，但要火攻，還要順風。風不順，風不把火往對面船上吹，火也燒不起來。或者，假設當時火種借風力送過江去，可恰巧這時來了一場驟雨，那戰船連營恐怕也不會被燒，至少不會燒得如史傳孫劉聯軍大獲全勝，一戰定三分。

不用說，一場火燒連營所要求的條件，涉及到多個方面，譬如氣候，譬如地理。當然，首要的是人的條件。

這些條件，用孟子的話說，很具體，很簡潔，也很實在，那就是：天時、地利、人和。

天時，地利，人和，有些像我們今天的人說的時間、地點、人力。

這是我們能夠獲得成功的三個很重要的因素。有時我們只需得其一個方面，有時則必須占盡全部。換句話說，只有在正確的時間，正確的地點，並且有了正確的兵力配置，我們才能有把握打一場勝仗，而在錯誤的時間、錯誤的地點挑起錯誤的戰火，那最終是逃不出失敗的命運的。

聰明人知道成事必須有條件，因此，他也就知道如何把握時機，最大限度地利用條件。

如果沒有條件，他便寧可等待，寧可退讓，寧可暫時放棄，而決不任意妄爲。因爲他知道，任意妄爲，衝動之下，必然成事不足，敗事有餘。相反，等待著，即使事無所成，至少還可以保全自己，至少還不至於把該做而且也可能做成的事情徹底斷送。

上古時期的古公亶父和他的部落先是居於邠地，他們不時受到狄人的侵擾。狄人來犯，亶父便以皮裘、絲綢相與；狄人再犯，又以好狗名馬相與；亶父採取的是不抵抗政策。

亶父不抵抗，是因爲亶父的部落很弱小，完全不具備抵抗的條件。但是，如此幾次三番，狄人仍然沒有停止侵犯。亶父明白了狄人的意圖，便召集邠地長老，對他們說：「狄人所要的是我們的土地，土地本是養人之物，我不能因爲它而使人遭害。我們只好離開，放棄它了。」於是，亶父將自己的部落遷到歧山，最終不僅保存下來，而且發展了強大的基業。

孟子認爲，亶父在不得已時採取的暫時規避，正是智者成事所必爲。

順其自然

順其自然是要順應事物運行的客觀規律辦事，要依憑客觀條件和情勢辦事。

說到底，成事之道在順其自然。

這裡說順其自然，有兩層意思，一是說要順應事物運行的客觀規律辦事，二是說要依憑客觀條件和情勢辦事。其實，這兩個方面本來就是一致的。

從行事有爲的一般情況看，順應事物運行的客觀規律，往往就能占盡天時、地利、人和，違逆了客觀規律，往往天時、地利、人和全失。成事所需的條件其實就包含在事物運行的客觀規律之中。

比如治水。水是流動的，滿則溢，溢則生患；水總往下流，所以上游水溢，下游就會遭殃，這就是規律。

從另一個角度看，水能流，水往下流，也是我們能治水的條件。正因爲水能流，總往下流，所以我們也就可以或堵或導，以使它更好的流。所以人類學會治水以後，大體上都採取堵導結合的方法，修堤築霸，該堵則堵，疏浚河道，當導則導，堵和導都是爲了讓水好好地流，馴服地流。如果像上古鯀那樣，只是一味去堵，人類今天是什麼狀況？很難想像。

這就是順其自然。人面對自然是如此，面對人事也應如此。

比方與人講道理，勸人聽道理，就必須有條件。首先這人必須是聽道理的人，其次還需這人此刻聽得講道理。假如這人本來就是個針插不進、水潑不入的死榆木疙瘩，你的道理再多也是白搭。如果這人此刻正在氣頭上，他的理智會因怒氣的遮蔽而失了判斷，他會聽不進，也聽不清道理。這兩種情況，無論是對那一種，你都最好是免開尊口。如果你硬要講理，一般來說，都不會有作用，弄不好還可能自取其辱。所以，還是要順其自然。

順其自然，就是要順時而動，依勢而動。抓住時機，當行便行，行必果決，行必迅速。因爲事物發展過程中，有些時機往往稍縱即逝，而且，過了這村，就沒這個店了。順其自然，就是要冷靜行事，需等待時便等待，該靜觀時便靜觀，不可莽撞任意。有些事莽撞不得，莽撞了會出亂子。

以前常聽人說有條件要上，沒有條件也要上。這想法就太一廂情願了。在許多情況下，沒有條件，想上其實也上不了，硬上則往往碰得頭破血流。因爲事物循其規律發展的自然過程，並不以人的意志爲轉移。

換一種說法可不可以？比如說，沒有條件，創造條件上。想來這說法應該是可以的。不過還是應該記住：條件的創造，也得能順其自然。

學會等待

行事進取，要學會等待，甚至退讓。許多時候，冷靜的等待正是最明智的選擇。

其實，有條件要上，沒有條件，創造條件上，這話也有兩面。人是主動的，人要依憑各種條件才能成事，人也能在各種條件因素不利於自己的時候，設法改變這不利因素，使它變得於自己有利。這就是創造條件。

譬如韓信的背水一戰。本來前臨大敵，後有大河，既不占天時，也沒有地利，取勝難，不能取勝脫身都難，這條件實在是很惡劣的。但韓信硬是命令背水列陣。一戰即潰，退無生路，死裡求生，恰恰又成了激發士氣，促使將士上下一心，拼力廝殺的有利條件。這就是一種條件的轉化，是一種不利條件的創造性運用。

不用說，對於不利條件的創造性運用，需要行事者的大智大勇，需要行事者有對各種有利條件和不利因素的冷靜分析，需要行事者對各種情況的準確判斷。因此，它決不是一種硬著頭皮、不管不顧的莽撞。

這是一個方面。另一個方面，從行事成事所需要的各種不同的條件因素看，有些條件可以創造，有些條件卻並不是人力所能創造。

諸葛亮草船借箭的故事我們都熟悉。

我們知道，要借到箭，需要許多方面的條件，比如要有船，要有裝在船上的稻草人，要有駕船、擂鼓，誘使曹軍箭矢攻擊的兵士。這些對東吳方面都不在話下，即使暫時沒有，也可以立馬準備，這都是人力可以辦到的。

但是即使如此，諸葛亮在當著孫權與周瑜立軍令狀時，還是要了三天期限。

爲什麼？那是因爲要「借」箭，還需要一個江霧彌漫的天氣條件，這既是一個事關成敗的關鍵條件，又是一個人力所無法創造的條件。諸葛亮知道只有第三天江上才可能起霧，他唯一能做的也只能是兩個字：等待。

所以，行事進取，還要學會等待，甚至退讓。該等則等，許多時候，冷靜的等待正是最明智的選擇。當退則退，許多時候，退其實是求進所必須經過的環節，退其實就是進。

說到底，等待和退讓決不是無可奈何的被動的放棄。於等待靜觀中審時度勢，尋找戰機，本身就包含著主動進取的因素。

所以，要學會等待，不可心浮氣躁。俗話說，飯要一口一口地吃，路要一步一步地走；又說，一口吃不出個大胖子，一步不能登天；還說，心急吃不了熱豆腐。這些說法，都是勸戒人們做事不能性子太急。

世上有許多事情本來就是急不得的，性子太急，一味求進，還會適得其反。

欲速不達

欲速不達，其進銳者，其退速。任何事情，能不急不躁，持之以恆地做下去，總能有所成就。

「欲速不達」是孔子說的。

類似的意思，孟子也有個說法，孟子的說法是：「其進銳者，其退速」，譯成現代漢語就是：前進太猛的人，後退也會快。

「欲速不達」，「其進銳者，其退速」，這些說法確實道出了人間理事之道的秘訣。

今天有今天的事，明天有明天的事，我們辦事自然應該雷厲風行，眞正做事的人是決不會把今天該辦的事放到明天去辦。

但從具體辦事來說，事要一件一件地辦，一步一步地辦。古語說，合抱之木，生於毫末；九仞之台，起於累土；千里之行，始於足下。這也正如俗語所說，一口吃不出個大胖子，假設若硬要一口吃個大胖子，大概免不了會噎死。

人世間，許多事本就是急不得的。

譬如醫家常說的病來如山倒，病去如抽絲。這「抽絲」般的去病就急不得。何以如此?不外乎是因爲那來如山倒的病本就是日積月累，一朝暴發，自然來如山倒。反過來，本就日積月累，你就無法奢望一朝一夕能夠去除，只能耐住性子抽絲般地慢慢來。

治事與治病是相通的。

比如如今黨風不正，官風不正，社會風氣不正。老百姓深惡痛絕，有識之士憂心如焚。但憂則憂矣，痛則痛哉，要治理社會痼疾，還得一步一步慢慢來。

例如反腐敗，懲治行賄受賄，就很複雜。沒有行賄哪有受賄?不想得到大好處何以肯破財行賄?懲治受賄者自然也得懲治行賄者。這道理人人都明白。

但道理是道理。辦過行賄受賄案的人都知道，相對來說，總是懲受賄容易治行賄難。沒有錢辦不成事，能大把花錢買路的人也總以他的「慷慨大方」能博人好感。世情如此，人人痛恨卻人人喜歡。就個人來說，你可以保證自己照章辦事，鐵面無私，卻不能奢望人人如此。而你如果眞要不管不顧，猛衝猛打，也許你一個案子都辦不下來，還要惹一身「臊」。

社會風氣的移易，本來就不是一朝一夕所能完成，歷史前進的軌跡本來也就曲曲折折，歷史的車輪也就該沿著這曲折的軌跡一圈圈往前運行，該快則快，而需要迂迴減速，還該迂迴減速，一心只求快，弄不好就會脫軌翻車。

所以，還是要記住，慾速不達，其進銳者，其退速。不要憑一時的意氣辦事，不要憑一時的熱情辦事。

易漲易落山溪水。一時的熱情和意氣，就如山溪之水，是很難持久的。意氣易起，熱情也易起，最難的卻是依憑理智，持之以恆。任何事情，能不急不躁，持之以恆地做下去，總能有所成就，快慢有時倒在其次了。

治世篇

事君與事國

有侍奉君主的人，那是侍奉某一個君主而一味求取他的歡心的人；有安定國家社稷之臣，那是以國家社稷的安定為歡悅的人。有天民，那是道能通達於天下時努力去實行的人；有大人，那是能自身的端正而使外物也隨之端正的人。

——《孟子·盡心章句上》

有固定職務的，如果無法盡職責，便可以離去；有進言責任的，如果進言不被採納，也可以離去。

——《孟子·公孫丑章句下》

爲官之心

中國的讀書人，似乎自古以來對從政做官都抱有一種複雜的心理。想做官、求官做的有，不想做官、不屑於做官的也有。

想做官、願做官者，情況很複雜，一時半會說不清。

而不想做官，不屑於做官者，則大體上不外乎是因爲見多了爲官不清、爲官不廉，見多了官場的腐敗和黑暗，見多了仕途的莫測和險惡，不願同流合污，不願屈己從人，因此寧願歸隱田裡，悠哉遊哉，以求無官一身輕。比如陶淵明棄彭澤縣印，躬耕柴桑，就是因爲難以忍受仕途的污濁，不肯爲五斗米折腰。

其實，官還是可以做的。孟子就不反對做官。魏人周霄問孟子古代的君子做不做官，孟子的回答就很肯定，而且他還引經據典，告訴周霄，《傳記》上說孔子要是三個月沒有得到君王的任用，就非常著急，離開一個國家，還必得帶上和另一國君主初次見面的禮物。

孔子爲何從一個國家到另一個國家，一定要帶上給那個國家君主的見面禮？想來大概是想以此來討一官半職。這很有點類似我們今天有些人，一遇單位人事變動，便拎著煙酒，到組織部長或主管人事任免的諸位領導家裡「研究工作」。

可見，孔子這樣一位聖人也想做官，而且不僅是想做官，大概還常去求官做。孟子自稱得孔子眞傳，他自己對孔子也確實十分敬重，想來他這裡決不是在無根據地瞎說。

通達一點看，想做官，求官做，實在也很難簡單地以好壞來判斷。從根本上說，官是人做，是人做官，關鍵還在於求官、做官的人怎樣做官，做什麼樣的官。

說到底，官的好壞，其實是人的好壞，與那位置本身並沒有太大的關係。由此看來，也就不必一概反對做官、求官。

想做官，乃至謀官、求官，並不一定就是壞事。如果有德有能，盡可以去做官；一時得不到，也不妨去謀它一謀，只是這謀求之路應該是正當的。比如以自己的實力去公平競爭，去做競選遊說，甚至去拉拉選票也可以。只要不是想一人得道雞犬升天，只要不是踩著別人的肩膀往上爬。

這層意思，孟子也說過。

孟子說：「古代的君子不是不想做官，但是他們討厭不經過合乎禮義的道路來求官。不顧禮義去找官做，那就像不正經的男女鑽洞爬牆扒門縫地相互偸看一樣，爲君子所不齒。」

爲官的輕與重

做官為政的輕與重，透析起來，還是得看做官的人自己。得看他做什麼樣的官和怎樣做官。

常聽人說，無官一身輕。言下之意，自然是說官身沈重，做官很累人。

許多人不想做官，不願做官，這大概也是一個很重要的原因。

依常理看，做官很累，大概還不在於做官爲政得操心費神，或者說不全在於得操心費神。要說操心費神，不做官和做官其實都差不了多少。小百姓每日開門的七件事：油鹽柴米醬醋茶，其實也很瑣細，很煩人。

官身沈重，做官累人，大概主要還是因爲官身無自由。

豈止做一般的官，即使是做皇帝，也並不能輕鬆自由。

封建時代的皇帝雖是一國之尊，普天之下，莫非王土，率土之濱，莫非王臣。可是做皇帝的居家出門，行走舉措，身後總有史官、宦官相跟，一舉手，一投足，都會被記錄在案，連下晚上哪個妃子的床，也被人看得清清楚楚。如此這般，皇帝自己感覺如何我們不知道，但依常理推斷，這種生活應該是有些讓人難受的。

官身沈重，官身無自由，這是事實。

但是，透析起來，這輕與重，這自由與不自由，說到底，還是得看做官的人自己，得看什麼人做官，得看他做什麼樣的官和怎樣做官。做官爲政的輕與重，實在是不能一概而論的。

眞人做明白官，便舉重若輕；

昏人做糊塗官，便拈輕猶重。

從做官爲政的心態方面看，道德高深的智者無利慾掛礙，無聲名之累，無失官之慮，心靈永遠自由，精神永遠舒展，這官就能做得輕鬆，做得自由。

道德高深的智者做官，一切以道義爲本，一切以國家百姓爲重，當行則行，當止則止，不必看上司臉色行事，不必爲官路能否通達煩惱，這種官也必然會做得自由、輕鬆。

相反，以官謀利者，必會終日爲利益得失揪心；怕丟烏紗者，定會整日爲如何保官憂心；總想升官者，便會每時每刻爲如何打通仕途焦心；胸無良策者，還會無日無時爲不能應付政事煩心。這樣的人做官，要想不累，大概也是不可能的。

自然，從行事決斷方面看，德才兼備者，日理萬機也能應對自如，這官便能做得輕鬆自在；無德無能者，即使日行一事，也會紕漏百出，連自屎都揩擦不淨，這官便做得難免沈重憂煩。這道理是不用多說的。

做官與做人

做官首先是做人，人是根本。不在其位，不謀其政。要做人，要為人，在其位、謀其政，也首先要做人。

而且，從社會分工的層次看，爲官握權，也不過就是一種社會需要的人事安排，爲官爲民，雖行之於不同層次，但根本目的卻是一致的。同時，官與民，本來也是相互不可或缺的整體，這就好比處長和他的辦事員，管的事不一樣，職責不一樣，但都必須把自己的事情做好的要求則是一樣的。而且，處長可以領導辦事員，也離不開辦事員。

如此想來，那官階爵位，其實與人們家裡的椅子沙發，也差不了多少。我們雖不必一概反對做官爲政，卻也實在沒必要把它看得很重，有時我們可以要，也是可以棄的。

孟子在齊國做過一段時期的卿相，後來他決定離開齊國。

與孟子同在齊王手下做官的淳于髡問孟子：「重視名譽功名是爲了濟世救民。您身爲齊國三卿之一，如今上輔君王、下濟臣民的名譽功名都沒有建立就要離開，難道這是仁人的作爲嗎？」

孟子的回答說：「身處卑微，不以自己賢人的身份服侍不肖的君主，有伯夷；五次爲桀做官，五次爲湯做官，力圖推行自己仁政思想的，有伊尹；不討厭惡濁的君主，不拒絕微賤的職位的，有柳下惠。這三個人的行爲方式不同，但大方向卻是一致的，他們都是爲了仁。君子只要仁就可以了，何必拘泥於具體如何去做呢？」

孟子一連舉出三個人，要說明的其實也就是一點。對他來說，既然齊王不能行仁政，我便可以隨時棄了他給我的這卿相之位。說得極端些，要不要我做官依不得我，但做不做官，做什麼樣的官，怎樣做官，卻要依了我，這些與給我官做的人是沒有什麼關係的。

伊尹、柳下惠都是孟子心中的賢人，但他們一個曾爲殘暴無道的夏桀做官，一個並不討厭惡濁的君主，而且，即使如此，也並不損他們賢人的名聲。伯夷寧可於首陽山下採薇自食，也不去求取俸祿。這些都是無可指責的。

所以，官階爵位，有時可以要，可以求，有時也可以棄之如破鞋。去留棄取，只以人身的保全和立命的根本不受妨害為原則。只要這樣，便可進退自如，棄取隨心，予奪不懼，去留無憂。

事君與事國

因此，明達世事的智者並不拒絕功名利祿，但決不趨奉功名利祿，行動去取，全以人為根本，以事理為依歸，利於人則做，損於人則拒。

只有那些庸碌小人，才視權勢為尊貴，看利祿為富有，鎮日為權勢地位、功名利祿奔波勞形。

由此也可以見出人與人的不同，官與官的區別。

所以孟子說：「有一心只是侍奉君主的人，這種人只是一味地討君主的歡心；有安定國家之臣，這種人以國家的安定為快樂；有天民，那是當他的道可以行於天下時便盡力去完成的人；有大人，那是端正了自己，外物也能隨之端正的人。」

為國為民，方是為官的正道。

只知道侍奉君主的人，自然做不了好官。

眼中只有君主，心中便沒有了百姓；心中只有上司，眼中便看不見下屬。一切以君主的意旨為轉移，一切以迎合上司為指歸，這官必然是做失了本性。

這樣人可以做個討君主喜歡的臣子。如果他有點才做，或許可以為君主邀約盟國，充實府庫，如果他沒有才能，那就完全只俯首聽命，甚至跟著君上指鹿為馬，睜著眼睛說瞎話了。

無論如何，依孟子的看法，這些人都只能被看作古代所謂殘害百姓的人。

究其實，這種人其實也並不是在為君主做官，而是在為他們自己做官。

這種人眼裡盯著的是他們自己做著的或想去做的那些官位，迎合君主上司，目的也就在於保官全身，進而加官晉爵。因為在他看來，自己的官位本來就得自上賜，不迎奉，便得不到；不迎奉，也保不住。

從人生的角度，這種官其實做得最不輕鬆，也難以輕鬆。

從最一般的層次說來，要迎奉君王上司，便要時刻看著君王上司的臉色行事。他不快活，你也得跟著不快活，哪怕你晚上要做新郎，也不能面露喜色；他要是快活，你也得陪出笑臉，哪怕是暴病死了兒子，你也不能面現哀容，落實下來，其實自己最終什麼都沒有，連自己是誰都得忘記，這如何能有快活？

而且，俗話說，伴君如伴虎，又說，人有千慮，必有一失，拍馬屁也常有拍到馬蹄子上的時候。因此，一心只知侍奉君上的人，常常是終日怵惕警醒，提心吊膽，謹小慎微，不敢越雷池半步，他也找不到輕鬆快活。

不用說，在智者眼中，這種官做起來，也實在不會有多大意思。

身份與職責

孟子與齊王對答：

問：您有一臣子把妻室兒女託付給朋友照顧，自己遊楚國去了。等他回來，卻見妻室兒女在挨凍受餓。對這樣的朋友，應該怎麼辦？

答：和他絕交。

您手下掌管刑罰的長官不能管理好他的下級，您該怎麼辦呢？

答：撤掉他。

問：假使一個國家的政治搞不好，又該怎麼辦呢？

齊王掉過頭去左右張望，把話題引到別的地方去了。

——《孟子‧梁惠王章句下》

在其位當謀其政

在其位，則謀其政，忠於職守，盡心盡力。

知道做什麼官，爲誰做官，還要知道怎樣做一個好官，如何做好這個官。如何做好這個官?說起來其實很簡單：在其位，則謀其政，忠於職守，盡心盡力。

孟子在齊國的時候，有一次在齊國邊境的平陸，會見了當地的長官孔距心。孟子問孔距心：「如果你的戰士，一天三次失職，你開除他嗎?」

孔距心回答說：「不必等三次，我就要開除他了。」

孟子說：「那麼，你自己失職的地方也很多，如今這災荒年成，你的百姓，年老體弱者拋屍於山溝荒野，年輕力壯者逃亡於四面八方，就我所知，已經有近千人了。」

孔距心申辯說：「妥善安置那些災民，實在不是我的能力可以做得到啊。」

孟子打了一個比方。他說：

「譬如現在有一個人，接受別人的牛羊，替別人放牧，那就一定要替這些牛羊找到牧場和草料。如果牧場和草料都找不到，那他就得把這牛羊退還給原主，難道他能夠就站在那裡看著牛羊一個個餓死嗎？」

孟子這個比喻的意思很明確，那就是，在這個位置上，就得做這個位置要求做的事，就該做事，如果不做，或不能做，你最好就別占著這個位置。

當官不爲民做主，不如回家賣紅薯。其實，當官不能謀其政，與當官不爲民做主，結果並無大分別，最好也還是回家賣紅薯。

這道理人人都懂，卻並不是人人都能做到。

生活中有一種人、本就能力有限，占了一個位置，想謀其政，也謀不成政，自己做得吃力不討好，別人看著他揪心，但你眞要叫他讓出那位置，他一定一百個不願意。不用說，爲官者中，還有一些本就爲了一己私利去謀官，本就不想謀其政的人。這種人，你要推他下來，他會與你拚命。

這些人，實在都不懂怎樣做官。

在其位不謀其政，或無力謀其政，結果一定是既害人，也害己。官是人做，人是根本，即使撇開做官爲民不說，僅就做官與做人的關係來看，爲了一個位置損了自己，也很不值得。翻翻史籍，即使在那我們常說的很黑暗無道的封建社會，做官謀私者眞正身、名無損的也不多，做官想謀其政而無力謀其政，把事情辦糟了被拉出去「擦」地一聲殺頭的也不少。

想來，僅此一點，也當足爲爲官者戒。

知身份，明職責

知身份，明職責，也就是明白自己處在什麼位置，淸楚自己的職責範圍。

在其位，謀其政。

對於在其位想謀其政且能爲其政的人來說，還有一個關鍵，即知身份，明職責。

何爲知身份，明職責？

燕王子噲自作主張，把王位讓給了相國子之。齊國想以此爲藉口討伐燕國。齊國大臣沈同以個人身份去向孟子咨詢，問燕國可不可以討伐。

孟子說：可以。因爲在孟子看來，一個國君是不能隨意把國家私自讓給別人的，做臣子的也不能從國王那裡隨意接受一個國家。

齊國果然攻打了燕國，發動了一場不義之戰。

後來，有人問孟子：「聽說齊國攻打燕國，是聽從了你的勸告，有這回事嗎？」

孟子回答說：「沒有；沈同曾經以他個人的名義問我燕國可不可以討伐，我也只以個人的身份回答說可以。假如他再問：『誰可以討伐他們呢？』那麼我就會告訴他：『只有天吏才可以去討伐。』譬如這裡有一個殺人犯，有人問道，『這犯人該殺嗎？』那我會說：『該殺。』。假若他再問：『誰可以殺他呢？』那我會告訴他：『只有治獄官才可以去殺他。』如今一個同燕國一樣暴虐的齊國去討伐燕國，我爲什麼去勸他呢？」

我不是官身，所以你以個人的身份來問我，我就可以回答你，假若你以公務的身份來問我，我也許不回答你，這就是知身份，反之，便忘了身份。

國君不可以隨意讓國，臣子也不可以隨意受國，這就是知身份，反之，也是忘了身份。

只有天吏才可以討伐不義，討伐是天吏的職責，設若不是天吏而去行討伐之事，即使該行，也是不明職責。

只有治刑律，執刑罰的人才能處殺人犯以死刑，執行死刑是治獄官的職責，設若不是治獄官而去殺人，即使那人該殺，也是不明職責。

不知身份，不明職責，就會做錯事。

由此看來，說穿了，知身份，明職責，也就是明白自己處在什麼位置，淸楚自己的職責範圍，知道自己在這位置上該做什麼事情。

不逾矩，不越位

在其位便謀其政，不在其位則不謀其政。不逾矩，不越位，這樣心力才能用到點子上。

知身份，明職責，這一點很重要。

知身份，便清楚自己所處的位置；明職責，便知道自己的職責範圍。是自己職責範圍的事，當做則做，忠於職守，盡心盡力。不是自己職責範圍的事，能不做最好不做，不隨意伸手，枉費心力。換一種說法，也就是在其位便謀其政，不在其位則不謀其政。不逾矩，不越位，這樣心力才能用到點子上。

在其位不謀其政，如人們常說的「占著茅坑不拉屎」，是不知身份，不明職責，決不是一個好官。

不在彼位而慾謀彼政，逾矩越位，也不一定可以做好官。

足球場上就有一條不能越位的規則。

兩軍對壘，攻守交迭，隊員都得猛衝猛打。己方隊員一腳大開，把球踢向對方前場，作爲一個隊員，自然應該盡快跑上前去接住那球，尋機射門。但你這跑必須在允許的範圍內，如果超前，便是越位，越了位就是犯規，你跑得再快也是白跑，踢進了也是白踢。

做官爲政與足球的這種踢法很有些類似，逾矩越位，常常也意味著犯規，常常也會吃力不討好。

仔細想一想，做官爲政不逾矩越位，也並不是一種消極的各人自掃門前雪，它也是政事的必然，官道的正常。

做官爲政，職有不同，責便各異。只有各司其職，才能保證各盡其責，才能成一個整體，政事也才能正常運轉。如果上下之間，做下屬的可以隨意更改領導的決定，同級之間管財務的可以隨意插手人事，管人事的可以任性干預財務，要不亂套，那只能是僥倖。

進一步說，職有不同，責有各異，盡職盡責所需要的才做和方式也會互不相同。各有其責，便各有其難，在此而謀彼政，也未必眞能謀得好。

這又點類似於踢足球。

足球場上，門將有門將的責任，也有他盡門將之責的方式，中鋒有中鋒的責任，也有他盡中鋒之責的踢法，這之間是不可以任意互換的。假若中鋒不在場上拼搶而去管守門的事，或者門將不守門而跑到前場去敎中鋒如何射門，那大概也只能等著輸球了事。

這些道理其實很簡單。只是大概正因爲太簡單，也就太容易被我們忘記。而在許多時候，這又實在是不該忘的。

當然，也只有不忘最簡單的道理，才能處理好複雜的人事。因爲，知身份，名職責，絲毫不排除在必要的時候爲人幫忙，與排難解紛，此其一。守份守職，在位謀政，還意味著，人盡其才，倘明顯地自知才能不夠，那就該讓賢。否則，占著茅坑不拉屎，那就不是不明職責，而是只想做官，不想做事做人，這就德行不好。這樣必成事不足，壞事有餘。

當說則說，該做則做

實踐才是檢驗理是否成其為理的唯一標準。這實踐自然在做而不在說。

知身份，明職責的另一層意思，就是當說則說，不當說則噤口；該你說的說，不該你說的最好不說。做是第一位的。

生活中常能見到一些喜歡說說道理的人。這種人做下屬，常能在上級的決定中見出不足，從別人的計劃中見出紕漏，而且也總能依己之見談出一道道來，這種人雖不能說沒有幾分可愛，卻也不免幼稚，幼稚就幼稚在這種人常鑽了牛角尖還不自知。

仔細想想，生活中，許多道理有時該講，有時卻實在不必講；而且，這些道理，有些講得清，有些卻講不清，有時不講還好，一定要講，還有可能越講越糊塗。事實上，我們看人看事，大體上都是從我們自己的立場出發的。從自己的立場出發看問題，就難免主觀，難免不出偏差。俗話說，「公說公有理，婆說婆有理」以至「清官難斷家務事」，說的就是這個理。

如此看來，一事當前，你要這麼辦，你有你的理，別人要那樣辦，別人有別人的理。與其沒做就說理，還不如做起來再說。好了，無話說；不好，亡羊補牢，猶未為晚。

實踐才是檢驗理是否成其為理的唯一標準。

這實踐自然在做而不在說。不做光說，光去爭個道理，那叫「扯皮」。我們有很多該做成的事最終沒有做成，就是因為「扯皮」。

消極一點說，從盡職盡責的角度看，做下屬的，也終歸總要做一些你不得不做的事，無論你願意不願意，讓你做你就得做，許多情況下是沒有什麼道理可講的。這正如說「服從命令乃軍人的天職」。

假如軍人以為可以隨意對來自上級司令部的命令加以改變，認為對的就服從執行，認為不對就交上去另行討論，那就是忘了自己的天職，自然也是沒有盡職。

上行下效

在上位的有什麼愛好，在下面的人一定愛好得更厲害。君子的德就像風，小人的德就像草，風往哪邊吹，草便向哪邊倒。

——《孟子‧滕文公章句上》

上行必有下效

君子的德好像風，小人的德好像草，風向哪邊吹，草就向哪邊倒。

上行必下效。

滕定公死了，太子讓他的師傅然友去向孟子請教如何辦理他父親的喪事，然友到鄒國去問孟子，孟子建議他們按照古制，實行三年的喪禮。

然友回國復命，太子採納了孟子的建議，決定行三年喪禮，可是滕國的父老官吏都不願意。他們說：「我們的宗國魯國的歷代君主沒有實行過，我們歷代的祖先也沒有實行過，到你這一代改變了祖先的做法，這是不應該的。而且我們自己的史志上也說過：『喪禮祭儀一律依祖宗的規矩』，道理就在於我們是這一傳統繼承下來的。」

太子感到很爲難，對然友說：「我要實行三年之喪，父老官吏都不滿意，恐怕這喪禮我無法盡心竭力了，你再替我去問問孟子吧。」

然友又到鄒國去見了孟子。

孟子說：「這事是不能夠求助於別人的。孔子說過：『君主死了，太子把一切政務交給首相，自己居喪盡禮，就臨孝子之位便哭，大小官吏沒有人敢不悲哀，因爲太子親身帶頭的緣故。』在上位的有什麼愛好，在下面的人一定愛好得更厲害。君子的德好像風，小人的德好像草，風向哪邊吹，草就向哪邊倒。所以，這件事完全取決於太子本人。」

然友向太子轉達了孟子的話。

太子說：「孟子的話是對的，這事確實應當決定於我。」於是，太子在喪廬中住了五個月，不曾頒佈過任何命令或禁會，官吏同族都很贊成，認爲是知禮。等到舉行葬禮時，四方的人都來觀禮，太子容色悲哀，哭泣傷慟，觀禮的人也無不動容。

孟子這人在許多方面都有些守舊，比如他勸太子按古制行喪禮就是。不過，他的那番話卻也確實說出了一條很重要的人事道理，太子居喪，也驗證了孟子的那番道理。

正人先正己

上行必有下效，正人需先正己，此中警示，為人長上者，都不可不察。

在上位的人有什麼愛好，下面的人一定愛好得更厲害。撇開生活中那些本來就有的許多喜歡趨奉，以投領導、上司之所好而謀求便宜的人不說，從人自身來說，人喜效法，人必有所效法，大約是人從猿進化時就帶來的一種與生俱來的天性。譬如人類的近親猿和猴，就喜歡摹仿，也很會摹仿。

而且，一般人大都把在上者作爲自己效法的對象，比如孩子效仿大人，學生效法師長，臣子效法國君，下屬效仿上司。

這其中的原因，大約有兩個方面：

一方面，能居上者，大概總會有某些值得人效法的地方，因而也自然會被人看重，讓人作爲效法的對象。

另一方面，居上者終歸是少數，且居位顯要。一個課堂，學生幾十，教師一個；一個單位，人有千口，主事一人；一個國家就更不用說了。國無二君，一國臣民芸芸衆生，抬頭仰望的就那一個國君。既是少數，又位居顯要，自然就容易被人注意，也就容易被人作爲效法的對象。人是很難去效法那些走進人群便無法被認出來的人的。

所以，上行必致下效。

因此，在上者不能不記住，察人先察己，正人也要先正己。

常言道，「身敎重於言敎」，又說，「榜樣的力量是無窮的」。正如帶兵打仗，將領就該衝鋒在前，身先士卒。能身先士卒，卒才會奮勇向前。大敵當前，如果帶兵的先就失了銳氣，畏縮逃跑，那當兵的逃起來就會無所顧忌。所以，行伍中有個說法，說是要想知道一個連隊的兵如何，只要看看它的連長就行了；還有個說法，叫做「兵熊熊一個，將熊熊一窩。」

一個企業風氣如何，必須看它的領導的作風如何。如果領導少爺作風，拿企業當兒戲，工人就不會把企業當成自己的依靠，那企業的風氣絕對正不了。

一個部門作風如何，也要看那部門上司的作風如何。如果他疲疲沓沓，拖拖拉拉，一個石礅壓不出個響屁來，這個部門就絕對不會有多大生氣。

所以，上行必有下效，正人需先正己，此中警示，爲人長上者，都不可不察。

要人行，己先行

要人行，從自我做起。特別是很難辦的事，那些從長遠看必須做，從近利看又可能需要人付出代價的事，更要從自己開始做。

上行必致下效，正人當先正己。

同樣的道理，讓人做的事自己要先做，自己先做，別人才會跟著做，而且也一定會跟著做。

大至一個國家，一個地區，小至一個部門，一個家庭，做領導的決定做一件事或不做一件事，總是會有人反對的。

有反對的是正常，沒有反對的，大體上要麼這裡是一潭死水，要麼便是做領導的太專制，那就不正常了。

而且，只要提出反對，一般總有反對的道理。滕國父老官吏反對滕王子採納孟子按舊制實行喪禮的建議，搬出了祖宗規矩，搬出了自己的傳統，就很有道理。

不過，反對歸反對，反對的意見也不能不聽，但事情總還是要做的，只要是必須做、應該做，做就是了。

只是要做，最好是自己先做，帶頭做，從自己做起，從我做起。特別是那些很難辦的事，那些從長遠看必須做，而從近利看又可能需要人付出代價的事，更要從自己開始先做。

比方近時已成街談巷議的住房制度改革，就屬於這類事情。從長遠看，住房制度實在不改不行，它是經濟發展的必然要求，也是從根本上改變城鎮居民住房條件的必然要求。

住房制度改革有沒有人反對？大家都知道，有人反對。但有人反對也照樣得改，自上而下地改。有反對就會有阻力，但只要上下一起動，一起改，這阻力就沒有不能克服的。

相反，如果只改老百姓，而不改制定政策的人們，再好的政策，再完善的改革方案，都難以實施，而且還可能使原來就存在的問題更加複雜化。如果那樣，還不如不改。

由此說來，上行必致下效，對於領導者來說，既是爲官之道，也含成事之理。

得民心者得天下

桀和紂之所以喪失天下，是由於失去了百姓的支持；他們之所以失去了百姓的支持，是由於他們失了民心。獲得天下有方法：獲得了百姓的支持，便獲得了天下；獲得百姓的支持有方法：獲得了民心，便能獲得百姓的支持；獲得民心也有方法：他們所需要的，替他們聚集起來；他們所厭惡的，不要強加到他們頭上，如此而已了。

——《孟子‧離婁章句上》

古語說：邦國猶舟，百姓如水，水能載舟，亦能覆舟。

又說：民可親近，而不可疏遠，民乃邦國之本，本固然後國寧。

還說：與民爲敵者，民必勝之。

這些說法，確實都道出了古今治國安邦的一條根本規律，那就是，得民心者得天下。

衆志成城

從人的運事行事來說，在於人的戮力同心，衆志成城。

天時、地利、人和，是我們成事的三個方面的具體條件。

細究這三個條件的差別，孟子說，天時不如地利，地利不如人和。

天時不如地利，孟子舉了一個例子。孟子說，譬如一座小城，方圓不過三五里，敵人圍攻它，但卻久攻不下。在這持久的攻城作戰中，一定有合於天時的戰機，有戰機而未取勝，就是因爲攻守城者占了地利，這就是天時不如地利。

天時地利都不如人和，孟子也舉了一個例子。他說，譬如守護一座城池，這座城池的城牆不可謂不高，它外圍的護城河也不可謂不深，守城將士的兵甲也不是不銳利堅固，城內的糧草也不是不充足，可是，如果守城者兵不聽將令，人人自保而無同仇敵愾，敵人一來便丟盔卸甲，各自逃命，那城不待攻也就自破了。

所以，天時、地利都只是外部條件，人和才是根本。

從人對外部條件的利用來說，在於人如何順應自然之道，把握天時，利用地利。從人的運事行事來說，在於人的戮力同心，衆志成城。衆志成城則無懼。

有一次，滕文公問孟子：「我們滕國是一個小國，又處在齊楚兩個大國之間，我們依附哪一個好呢？」

孟子回答說：「你這個問題我回答不了。如果你硬要我說，我只能告訴你，挖深護城河，加固城牆，和你的百姓一道來保衛你的國家。如果你的百姓寧死也不肯離開，那你就誰也不用依附了。」

家和萬事興。一個家庭，如果父子失和，兄弟反目，夫妻離心，要想家業興旺，那是奢望從天上掉下餡餅來。

人心齊，泰山移。一個企業，假如領導之間勾心鬥角，上下之間離心離德，群衆之間心如散沙，要想企業發達，那是做白日夢。治國更是如此。

治國之道，無非使上下同心。爲國者，得民心者才眞得天下。如果一個民族失去了內在凝聚力，和平時期無戮力同心，國難當頭不同心戮力，這樣的民族連自保都談不上，更不用說想昌盛富強。

世間萬事萬物，合則和，和則興。人和之道本如此。

得民心者得天下

成事在於上下同心。

得民心者得天下，失民心者失天下。

有一次孟子的學生請教孟子：爲什麼桀與紂會失掉自己的國家。

孟子說，這道理很簡單，他們失了民心，失了百姓的支持。百姓歸附仁德的君主，就好比水往下流，獸奔曠野，是很自然的事。替深池趕來魚群的是水獺，爲森林趕來鳥雀的是鷂鷹，而替商湯、周武趕來百姓的則是夏桀和殷紂。

爲淵驅魚，自然不能得魚；爲叢驅雀，自然也不能得雀。

殘暴無道，盡失民心，自然也就失去了百姓。

要得國，必須先得民心。治國方策千萬條，這一條無論如何都是首要的。

如何才能得民心？

孟子說，這也很簡單，那就是要行仁政。百姓所希望的，替他們聚積起來，百姓所需要的，就給予他們，百姓所厭惡的，則不要強加到他們頭上，只要如此去做，便可獲得民心。說得更簡潔些，得民在於安民。

進一步說，安民在於富民，在於求民之殷富以成國之強盛。國以民爲本，國家的富有首先在民衆的富有，國力的強盛全賴民衆力量的壯大，這就正如小河有水大河才能滿，小河斷流大河也必無源。

無源則必竭。

這是基本最簡單的道理。而最基本，最簡單的道理往往又是最重要的法則。

所以，孟子還說：諸侯有三寶，人民、土地、政事；

又說：民爲貴，社稷次之，君爲輕；

而且，他還念念不忘告訴那些向他求治國之道的諸侯，要「以逸道使民」。用今天的話說，就是要以讓百姓安逸快樂的原則來役使他們。

君子以德服天下

要使人心服，便須依憑德能，需行之正道。以道服人，人才敬服，以正道服人，人才信服。

如何才能得到民心呢？

孟子認爲，千頭萬緒，歸於一點，那就是君子不以威行天下，而以德服天下。

孟子說：憑藉實力而稱霸諸侯，這稱霸必定是憑藉自己國力的強大；依靠道德，實行仁義而使天下歸服，則不必以國力的強大爲基礎。湯就僅憑縱橫七十里的土地，文王也僅憑縱橫百里的土地而使天下歸服。

依憑實力來使人服從，那只是因爲別人懼怕，因此，那不能算眞服，因爲那不是心悅誠服。

而以德服天下，人家才能心悅誠服，那才是眞服，就好像歸服孔子的七十二位弟一樣。

依我們今天的眼光，孟子這段話自然有可分析處，而且也不可全信。

從民族的生存與發展看，實力自然是必不可少的。一個貧弱的民族不會被人放在眼裡，必然會受欺侮。中華民族自十九世紀中葉到現代革命勝利一百多年的歷史就證明了這一點。

這頗有些類似生物競爭的優勝劣汰，大體上是沒有什麼價錢可講的。

不可全信，卻也不可不信。譬如湯以七十里土地，行仁政而王天下，便有史可察。

而且，即使今天，若想全憑實力而以無道稱霸天下，也幾乎是沒有可以成功的。

遠的不說，二次世界大戰，希特勒可以把整個歐洲以及非洲攪得昏天黑地，日本法西斯可以在亞洲和太平洋地區四面出擊，實在並不能說沒有實力。但他們得罪了全世界。世界人民團結一致，奮起反抗，他們的帝國夢也就只能得逞一時，卻永遠無法做圓滿。歷史也早就證明了這一點。

說到底，服人在使人心服。

要使人心服，便須依憑德能，需行之正道。以德服人，人才敬服，以正道服人，人才信服。

這是大道理。

由大道理可以清楚小道理。一個民族，一個國家，不能以自己的武力強大而稱霸世界，一個人也不能依仗自己的強力與權勢來壓服別人。

以強力權勢壓服，人服是口服心不服。表面沈默無事，內心裡如火般地運行，一俟時機成熟，便會反目相向，到那時，任何強力權勢都會失去它的效用。

進一步說，強力權勢終歸有窮盡的時候，而只有人的德性才能與人相伴終生。所以，最好還是記住孟子的話：君子以德服天下。

教而用之

仁德的言語比不上仁德的音樂深入人心，
良好的政治沒有良好的教育能獲得民心。

孟子說：「不教民而用之，謂之殃民。」殃民，就是加害於民。用我們今天的話說，就是不先教導民衆而去役使他們，這叫做加害於他們。

不教而用是爲殃。這話很有道理，如果讓一個人去做很危險的事而不先告訴他規避危險的方法，那其實與謀殺在實質上並沒有什麼不同。

擴大一點看，孟子這裡強調的正是教導、教育、教化的重要。

人不能生而知之，人本就需要教化。

從自然的觀點看，人的初始實際上與其他動物並沒有什麼不同。譬如一個剛從母體脫出的嬰孩，就與一隻小貓小狗無大區別。餓了就鬧，飽了就睡，一切全依生物的本能，不知禁忌，世界的美好醜陋，人間的冷暖炎涼，處世的是非正誤，在他全是一片混沌。因爲他只是來到人世，卻沒有進入人的社會。也就是我們常說的沒有「成人」。說得更準確些，是還沒進「成人」的過程。

說到底，能否「成人」，全賴教化，也就是教育。教育實際上是給一個人頒發進入社會、進入人世的通行證的過程。假如一個人自幼只養不教，那等於是被置於一片荒漠，即使他的天資再聰穎，作爲人的生理機制再健全，他也只能是一個永遠的白痴，他也永遠無法進入人的世界。報紙上登載過的「狼孩」、「羊孩」便是證明。

所以，教育很重要。

對於個人來說，能不能從一個稚童「成」人，「成」什麼樣的人，需要看給他什麼教育，需要看他接受什麼教育。對於一個國家，一個民族，人心的向背，素質的高低，也全看它的教育的發展。所以孟子還說——

仁德的言語比不上仁德的音樂深入人心，良好的政治沒有良好的教育能獲得民心。良好的政治，百姓怕它，良好的教育，百姓愛它。良好的政治能聚集財富，良好的教育得到百姓的心。

五不教

有些人不可教，關鍵在於這些人求學問道的態度有問題。教與學中，求學問道者只有虛心向道，誠心求學，才能聽教，才能得道，教也才能有實效。

孔子講有教無類，也就是說不管什麼人都可以教。孟子有所不同，孟子教人要看對象。

滕國國君的弟弟滕更曾到孟子門下求問，孟子總是不回答他。公都子問孟子這是爲什麼，孟子回答說：「倚仗自己的權勢地位來發問，倚仗自己賢能聲名來發問，倚仗自己年紀大來發問，倚仗自己的功勞勛績來發問，倚仗自己是老交情來發問，這些都是我所不回答的。滕更已經占了其中的兩條了，我自然不回答他。」

事實上，生活中確實有些人可教，有些人不可教。這不可教之中，有些人是無法教，或者無法以正常的方法去教，而有些人則是本就沒有誠心讓你教，比如孟子舉出的那五種人。

這些人不可教，關鍵在於這些人求學問道的態度有問題。教與學中，求學問道者只有虛心向道，誠心求學，才能聽教，才能得道，教也才能有實效。話說白了，教是教學生，教願做學生的人。不願做學生，甚或本就以爲自己比老師高一截子的人，即使你教得再好，他也不可能聽得進，比如依仗自己的權勢地位或功勞勛績來求問的人，在他的意念中本就以爲自己比窮夫子尊貴了許多、重要了許多，即使他眞想求學問，這意念也會妨礙他把學問當學問，而且這種人一般都會把自己的權勢地位或已有的功名看得比什麼都重，在他們看來，學問除了做裝潢門面的外包裝外，本就不是什麼太有用的東西，說到底，他們本就不是求學問道的人。

依仗自己的賢能或年紀大來求問，與依仗自己的權勢地位或功勞勛績來求問相比，情況也沒什麼不同。但凡很能做而且知道自己很難做的人，一般是不大可能瞧得起別人的，恃才傲物，鶴立雞群，就是這類人的寫照。同樣，總是以自己多活了幾年爲資本的人，常常也並不能淸楚地明白自己那些年頭是如何活過來的，正如那些常說自己過的橋比別人走的路還多的人，常常會忘了橋有長短，路有不同一樣。而且更糟糕的是，這種人常常處於一種自我感覺十分良好的狀態中，自我感覺太好，便會亂了神智，常常自以爲是，自以爲是自然就很難聽進別人的「是」了。

總之，沒有誠心去求學問道的人，都是不可教的人。一定要教，他們聽不聽倒在其次，怕是還會在心裡譏嘲你得點顏色便開染坊，實在無趣得很。由此看來，孟子的「五不答」，實在不失明智。

後記

希望能用這本薄薄的小冊子把自己所認識的孟子介紹給讀者，這是我應約提筆的初衷。

書稿大體完成以後，接到通知赴濟南參加一個參編書稿的定稿會。此行讓我有機會能與知己同遊曲阜，作了一次難忘的孔府故鄉行。

在曲阜，流連於孔府，徜徉於孔林，於巍峨壯觀的大成殿下默會古人，心中自然生萬端感慨。感慨之餘，也讓我很自然地想到一個問題：儒家學說是中國文化精神內核的一個重要部分。作爲一種文化精神，自然不僅僅只是因爲它爲歷代儒者所接受，成爲滋養歷代儒者內在精神的重要因素，更重要的是因爲它成爲了包括普通人在內的整個民族的一種內在的精神積澱，它影響了中華民族的思維方式、行爲方式，心理結構。那麼，爲什麼它能夠如此深入民心呢？

這裡自然與歷代統治者對儒學的尊奉和提倡有關，但我以爲事實還不僅如此。在我看來，這其中還有一個重要的原因，那就是儒學對於人、人的生命、人的生存權利即普通百姓凡俗人生的重視。孟子把「仁」解釋爲「人」，把「道」解釋爲「人」、「仁」相合，就是證明。孔孟的政治、社會理想，以及他們關於在世事人生、個人修養等的學說，都是以人爲中心的。在中國綿延了幾千年的封建制是不重視人的，尤其不重視普通百姓以及她們平凡而實在的世俗生活。爲官爲宦、治國平天下者需要精神的依託，處於艱難的生存境遇中的普通百姓也需要精神的慰藉。由此觀之，是否正是因爲孔、孟學說對於人的重視能給人提供某種精神的滋養和慰藉，從而爲歷代各階層人普遍接受呢？何況孔、孟學說有一種正視現實人生的精神特徵，其中本來也包含許多於普通百姓也是極實用的，而且也是必須的應對現實人生的智慧。

這是我對孔、孟所倡儒學的另一層認識。正因爲有這層認識，同時也因爲自己本來也就是一介凡夫俗子，因此，正如讀者已經看到的，在這本小冊子中，我力圖抹去孟「亞聖」身上的靈光，盡可能對他作一種與我們普通人更爲切近的世俗化理解和介紹。我承認這其中摻雜了許多我自己對於生活的感受和體驗，我也知道我的理解極爲膚淺且會與許多識者的見解相左，也算聊備一說吧。如果有讀者能於此中稍稍受到一些啓發，我也會感到由衷的高興。這裡，我得向長江文藝出版社及朋友揚帆表示我衷心的感謝，感謝他們給了我這個能向讀者道出我所認識的孟子的機會。

十多年來，一直在大學從事理論課程的教學和科研，日常所讀、所寫、所講，自然大都是一些概念的演繹和邏輯的推理。如這本小冊子的寫作，這還是第一次。這本小冊子中是沒有什麼可以稱得上學問的，但也許正是擺脫了所謂學問的束縛，可以自由地表述自己的感受和理解，因而寫來也十分暢快。由此也使我想到，有時我們大約也需要暫時脫離一下自己置身於其中的那種嚴謹的生活秩序，不妨去試著做一做別樣文章，那樣也許更能讓人體驗到一種別樣的暢快。

孟子的人生哲學—慷慨人生　　中國人生叢書 4

著　　者／王耀輝
出　　版／揚智文化事業股份有限公司
發 行 人／葉忠賢
責任編輯／賴筱彌
執行編輯／黃美雯
文字編輯／劉孟琦
地　　址／台北市新生南路三段 88 號 5 樓之 6
電　　話／(02)2366-0309　2366-0313
傳　　真／(02)2366-0310
登 記 證／局版北市業字第 1117 號
印　　刷／偉勵彩色印刷股份有限公司
法律顧問／北辰著作權事務所　蕭雄淋律師
初版二刷／ 1998 年 8 月
定　　價／新臺幣：250 元

南區總經銷／昱泓圖書有限公司
地　　　址／嘉義市通化四街 45 號
電　　　話／(05)231-1949　231-1572
傳　　　真／(05)231-1002

本書如有缺頁、破損、裝訂錯誤，請寄回更換
ISBN➔957-9091-79-X
E-mail➔ufx0309@ms13.hinet.net

國立中央圖書館出版品預行編目資料

孟子的人生哲學：慷慨人生／王輝耀著. --
初版. --臺北市：揚智文化, *1994*〔民*83*〕
面；　公分. --(中國人生叢書；*4*)
ISBN 957-9091-79-X (平裝).
--*ISBN 957-9272-27-1* (精裝)

1.(周)孟軻－學術思想－哲學

121.26　　　　*83007811*